全国技工教育规划教材配套用书

Gonglu Gongcheng Shitu Xitiji

公路工程识图习题集

曲元梅　杨庆振　主　编
栾亨乐　张　燕　主　审

人民交通出版社股份有限公司
China Communications Press Co.,Ltd.

内 容 提 要

本习题集是全国技工教育规划教材《公路工程识图》的配套用书。全书分制图基础知识、画法几何、公路工程图三部分共9章内容,其内容深度及顺序紧扣主教材,选择适当、循序渐进、层次分明、重点突出。

本书可供交通运输类中高职公路与桥梁工程施工及相关专业学生使用。

图书在版编目(CIP)数据

公路工程识图习题集 / 曲元梅,杨庆振主编. —北京：人民交通出版社股份有限公司, 2019.7
ISBN 978-7-114-15585-7

Ⅰ.①公… Ⅱ.①曲… ②杨… Ⅲ.①道路工程—工程制图—识图—职业教育—习题集 Ⅳ.①U412.5-44

中国版本图书馆 CIP 数据核字(2019)第 123020 号

全国技工教育规划教材配套用书
书　　名：**公路工程识图习题集**
著 作 者：曲元梅　杨庆振
责任编辑：刘　倩
责任校对：赵媛媛
责任印制：张　凯
出版发行：人民交通出版社股份有限公司
地　　址：(100011)北京市朝阳区安定门外外馆斜街3号
网　　址：http://www.ccpress.com.cn
销售电话：(010)59757973
总 经 销：人民交通出版社股份有限公司发行部
经　　销：各地新华书店
印　　刷：北京虎彩文化传播有限公司
开　　本：787×1092　1/16
印　　张：10.25
字　　数：244千
版　　次：2019年7月　第1版
印　　次：2023年6月　第5次印刷
书　　号：ISBN 978-7-114-15585-7
定　　价：25.00元

前　　言

本书是全国技工教育规划教材《公路工程识图》的配套习题集，是作者在总结公路工程识图课程教学经验及改革成果的基础上，根据职业院校学生特点编写的。为了便于使用，本习题集的内容和编排顺序与配套主教材一致。

本习题集共分九章，主要内容包括工程制图的基础知识；投影的基本知识；点、直线、平面、形体的投影；轴测图；剖、断面图；高程投影；公路路线、桥梁、涵洞与通道工程图。编写过程中注重实用性与全面性，习题选择与安排以应用为目的，以“必需、够用”为原则，强调对学生实践能力的培养。所选题型新颖多样，题量和难度适中，且配有适量的直观图。

本书由山东公路技师学院曲元梅、杨庆振主编；仝淑娴、徐文娟副主编；栾亨乐、张燕主审。参加本书编写的还有山东公路技师学院陈冰冰、孟华、孙敏、张志超、王静、刘娜、李娟、张桂霞、李蕊、张瑜（按编写章节排名）。本习题集在内容编排上由浅入深、由易到难、由简到繁，除可供学生练习之外，还能拓展学生的知识面和提高学生的应用能力。

由于编者水平有限，书中难免存在疏漏和不当之处，敬请广大读者提出宝贵意见，以便不断完善。

编　者

2019 年 4 月

目　　录

第一章　工程制图基础知识

第一节　道路工程基本制图标准

一、填空题

1. 图幅是________，即图纸本身的大小规格。

2. 为合理使用图纸和便于装订、保存，国家标准对图幅进行了规定，图幅分为________、________、________、________、________五种规格，大小均按国家标准规定执行。

3. 图框是图纸上________，即图形在图纸内的范围。

4.《道路工程制图标准》（以下简称《标准》）规定图标的格式有________种，设计单位根据自己的习惯或规定，可采用其中的一种。

5. 会签栏宜绘制在________。

6. 工程图纸中汉字应采用国家正式公布使用的________，除有特殊要求外，不得使用________。

7. 工程图纸中数字与字母的字体可采用________或________，但同一册图纸中应一致。

8. 阿拉伯数字、拉丁字母和罗马数字的高度应不小于________；当数字或字母与汉字并列书写时，其高度应比汉字的字高________一号或两号。

9. 在同一张图纸内，相同比例的图形应选用________线宽组合。

10. 波浪线、折断线在工程图例中的一般用途是________。

11. 虚线、点划线、双点划线的线段长度和间隔，对于同类型图线应________，起止两端应为________。

12. 点划线或双点划线，当在较小的图形中绘制有困难时，可以用________代替；当作为对称线或中心线时，应适当________图形的轮廓线。

13. 相互平行的图线，其间隔不得小于其中的________，且不得小于________。

14. 水位标注符号由数条上长下短的________和________组成。

15. 图样中图形与实物相对应的线性尺寸之比，称为________。

16. 为了表示地区方位和路线方向，地形图上需要画出________或________。

17. 坐标网格应采用________绘制。南北方向轴线代号为________轴；东西方向轴线代号为________轴。

18. 尺寸线采用________绘制，应与被标注长度________，且不应超出尺寸界线。

19. 尺寸线与尺寸界线的相接点为尺寸的起止点，在起止点上应画________。

20. 在标注圆的直径尺寸数字前面，需加注符号________，在半径尺寸数字前面，加注符号________。

21. 高程符号采用细实线绘制的________表示，高为 2 ~ 3mm，底角为 45°。

22. 如图：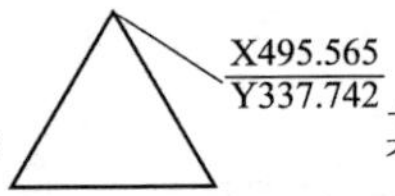

其中控制点$\frac{X495.565}{Y337.742}$表示________。

二、判断题

1. 角标应绘制在图框内的右下角处。（　　）

2. 角标线的线宽宜为 0.5mm。（　　）

3. 汉字的书写要求采用从右向左、横向书写的格式。（　　）

4.《标准》中规定图纸中汉字应采用长仿宋字。（　　）

5.《标准》中规定图纸中汉字其字高和字宽之比为 2:3。（　　）

6. 水位标注符号中细实线间的间距宜为 1mm。（　　）

7. 大标题、图册封面、地形图等的汉字，也可写成除长仿宋字外的其他字体，但应易于辨认，并在同一张图纸中字体种类不应超过两种。（　　）

8. 工程图样一般使用三种线宽，且互成一定的比例，即粗线、中线、细线，比例规定为 b:0.5b:0.25b。（　　）

9. 坡度标注时，当坡度值较小时，宜用比例表示，当坡度值较大时，宜用百分比表示。（　　）

10. 工程图上所有的尺寸数字表示的都是物体实际大小的数值，与图形选用的比例无关。（　　）

11. 当虚线与虚线或虚线与实线相交时，应不留空隙，当虚线为实线的延长线时，应留有空隙。（　　）

12. 坐标网格中，南北方向轴线上向南坐标值增大，东西方向轴线上向西坐标值增大。（　　）

13. 高程符号中顶角指在需要标注的被注高度上，顶角向上、向下均可。（　　）

14. 分尺寸线应离轮廓线近，总尺寸线应离轮廓线远，即大尺寸线包小尺寸线。（　　）

15. 虚线及点划线，当各自本身交接或与其他图形图线相交接时，均应为点相交。（　　）

三、选择题

1. 图标的外框线线宽宜为（　　），图标内分格线的线宽宜为（　　）。

A. 0.5mm　　B. 0.7mm　　C. 0.25mm　　D. 1mm

2. 会签栏外框线线宽宜为（　　），内分格线线宽宜为（　　）。

A. 0.5mm　　B. 0.7mm　　C. 0.25mm　　D. 1mm

3. 数字与字母的字体中直体笔画的横与竖应成（　　），斜体的倾斜度是从字的底线逆时针转（　　）。

A. 45°　　B. 60°　　C. 75°　　D. 90°

4. 坐标数值的计算单位应采用（　　），并精确至小数点后三位。

A. 毫米（mm）　　B. 厘米（cm）

C. 米（m）　　D. 千米（km）

5. 当竖直方向与水平方向的比例不同时，可用(　　)表示竖直方向比例，用(　　)表示水平方向比例。

A. V　　B. L　　C. F　　D. H

6. 在道路工程图中，线路的里程桩号以(　　)为单位；高程、坡长和曲线要素均以(　　)为单位；一般砖、石、混凝土等工程结构物及钢筋和钢材长度以(　　)为单位；钢筋和钢材断面以(　　)为单位。

A. mm　　B. cm　　C. m　　D. km

四、简答题

1. 尺寸标注的基本要求是什么？

2. 公路工程图样上标注尺寸的四要素是什么？

五、工程字体练习

工程字体练习（一）																								
道	路	工	程	制	图	汉	字	采	用	长	仿	宋	字	体	书	写	起	落	有	力	排	列	匀	称
道	路	桥	涵	正	投	影	侧	立	面	旋	转	上	下	左	右	局	部	剖	断	面	圆	球	示	意
标	注	尺	寸	米	锥	坡	方	向	根	据	设	计	审	核	姓	名	监	理	合	同	符	合	规	范
要	求	设	计	同	意	实	施	工	桥	梁	涵	洞	隧	道	日	期	标	题	表	头	数	据	格	式

工程字体练习（二）

物	理	结	构	路	基	路	面	混	凝	土	长	宽	高	形	状	垂	直	保	护	材	料	吊	顶	窗
承	重	砂	石	钢	筋	门	柱	墙	浆	三	合	土	石	灰	散	雨	水	电	力	体	积	碎	石	混
水	泥	标	高	轴	线	温	度	桥	梁	夯	实	煤	基	础	平	面	脚	边	锥	坡	毡	房	桥	墩
石	灰	素	土	顺	施	工	拱	比	例	尺	涂	抹	车	间	高	程	坐	标	机	械	质	量	数	据

A B C D E F G H J K L 1 2 3 3 5 6 7 8 9 0

M N O P R S T U W X Z Q

Y b c d e f g h f k

六、按照原样画出各种线型和图形

（1）

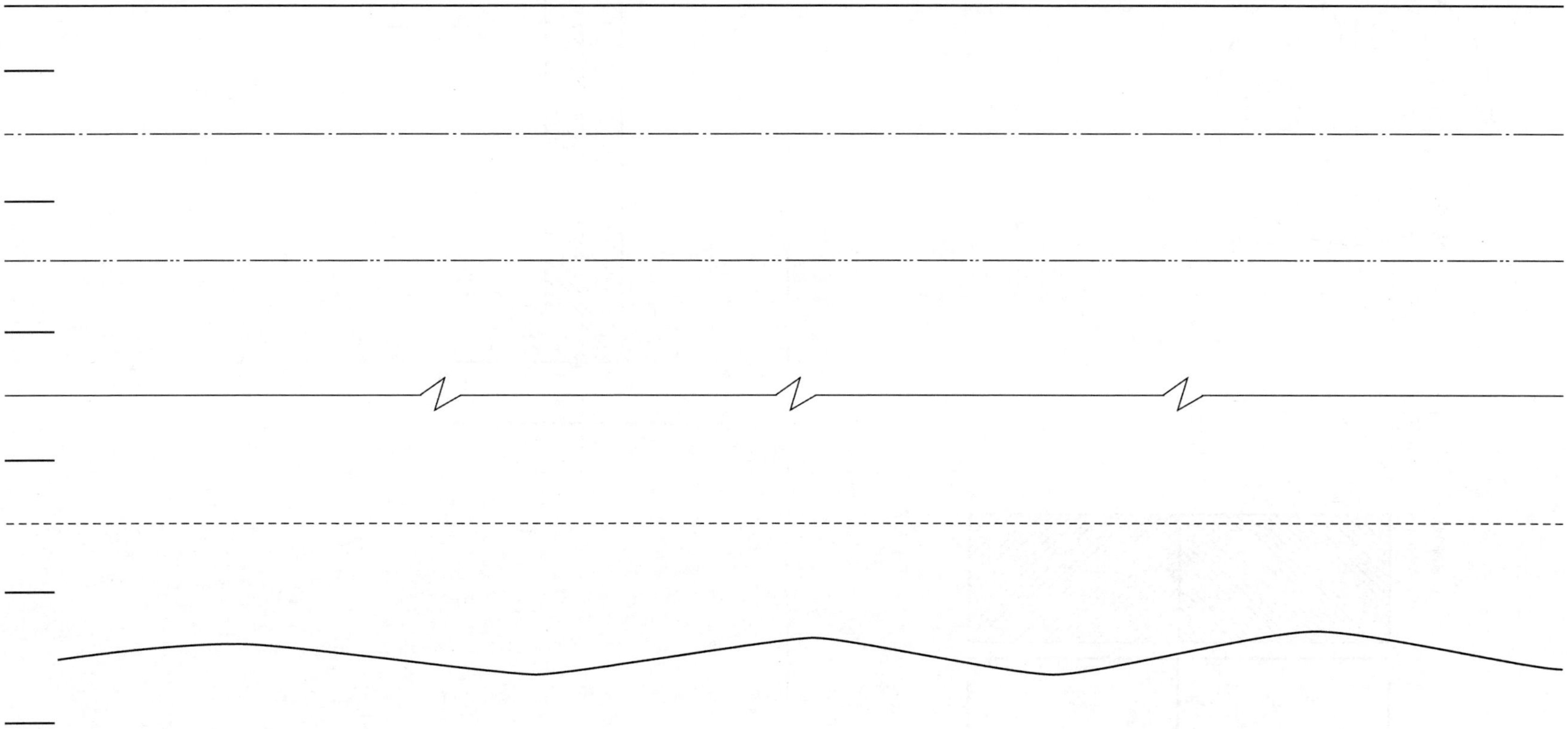

(2)

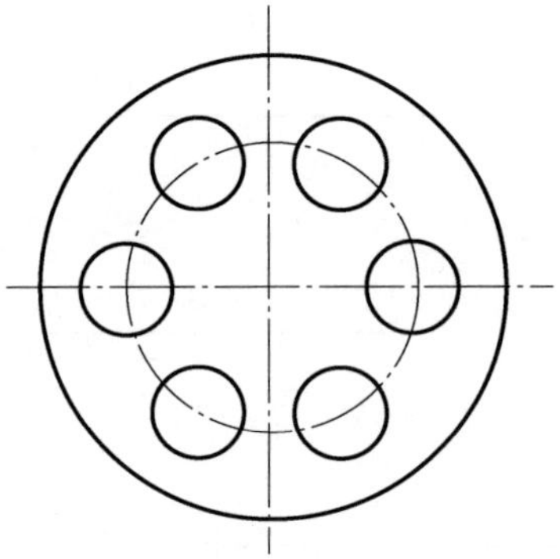

(3)

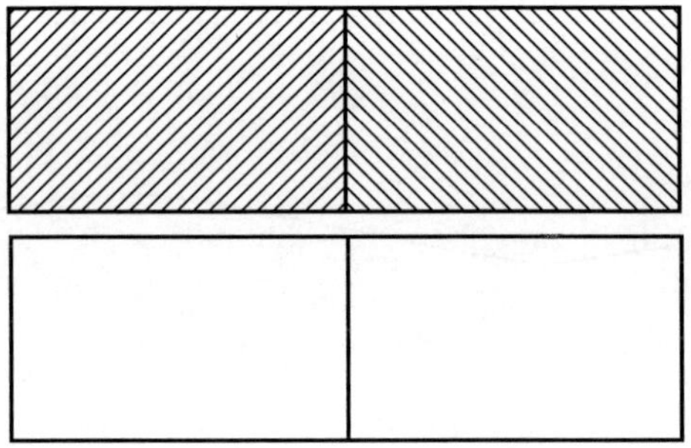

(4)

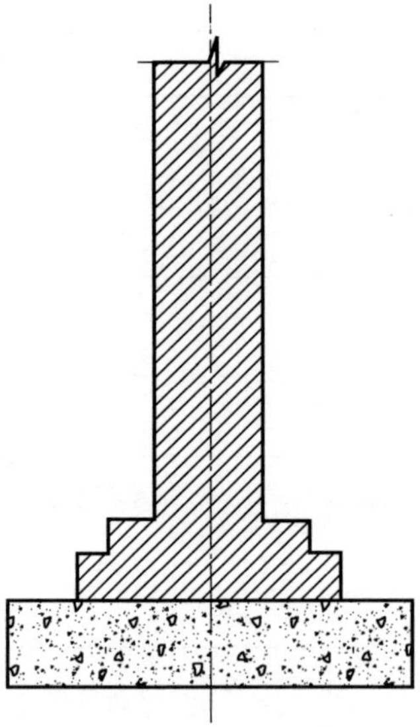

七、绘制图例

在指定位置处,按照原样写出图例名称并画出各种图例。

序　号	名　称	图　例	名　称	绘制图例
1	自然土壤			
2	夯实土壤			
3	砂、灰土	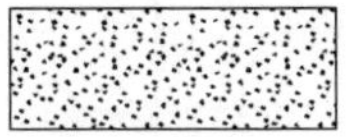		
4	砂砾石、碎砖三合土	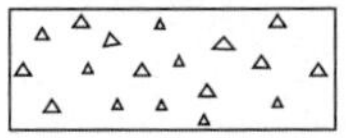		
5	钢筋混凝土	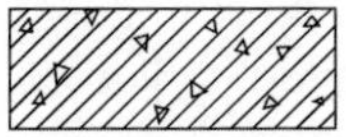		
6	毛石	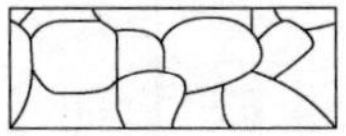		
7	普通砖	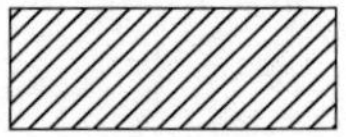		
8	空心砖	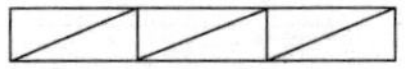		
9	混凝土	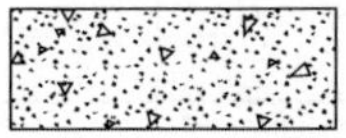		

续上表

序　　号	名　　称	图　　例	名　　称	绘制图例
10	毛石混凝土	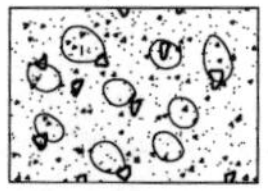		
11	道路	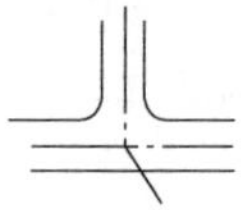		
12	公路桥	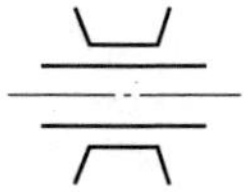		
13	砖石、混凝土围墙	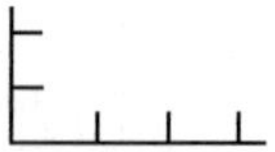		
14	河流	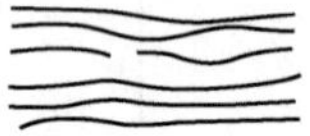		
15	等高线			
16	边坡	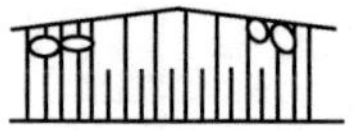		
17	填挖边坡	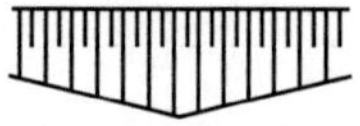		

八、作图题

(1)标注尺寸,数值在图中直接量取,以毫米为单位,用 5 号字书写。

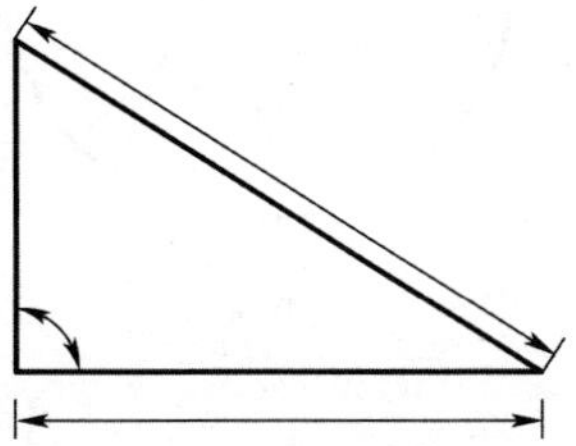

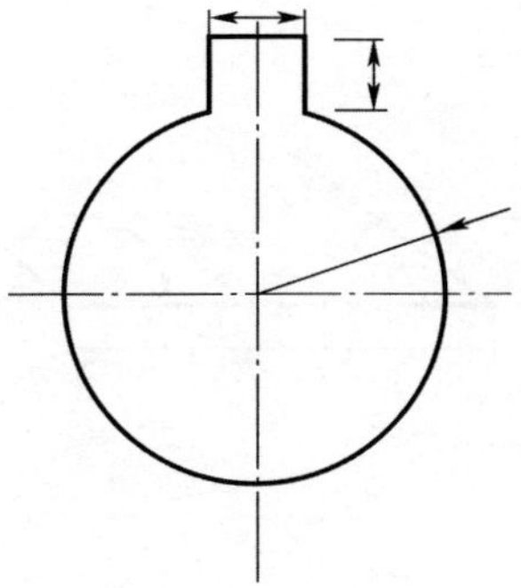

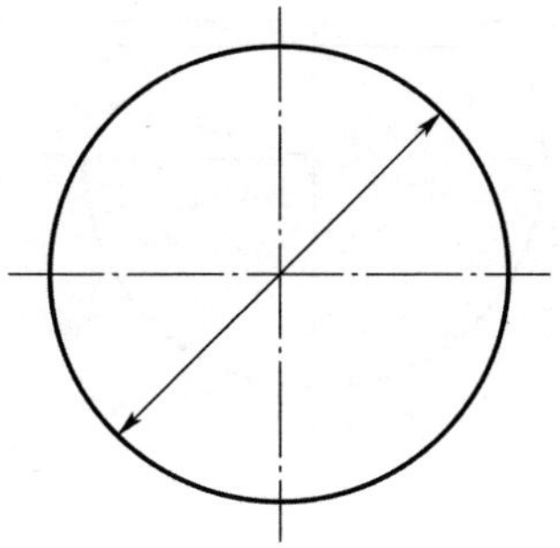

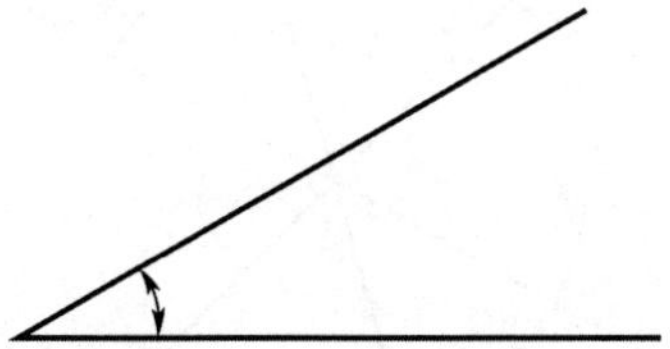

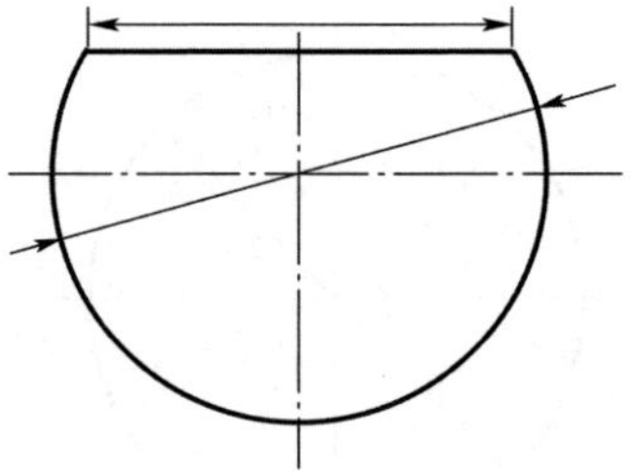

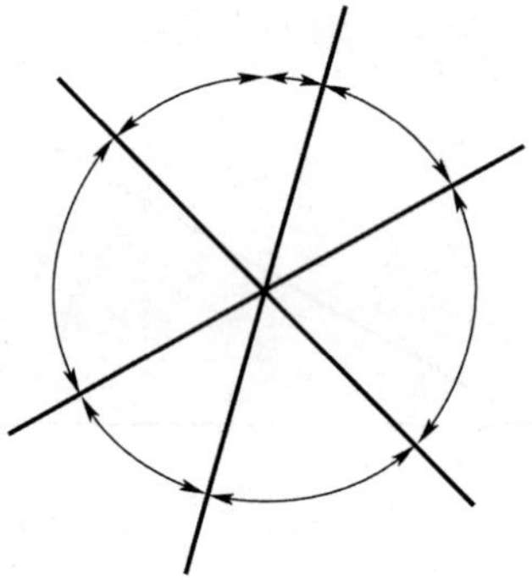

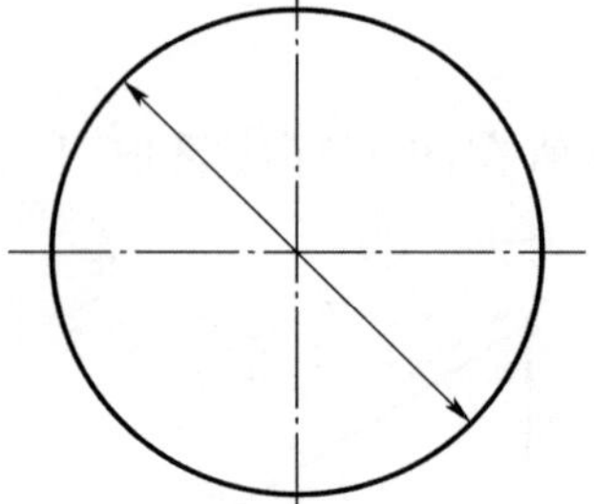

球体

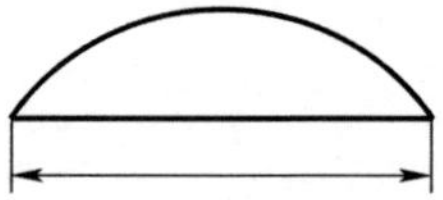

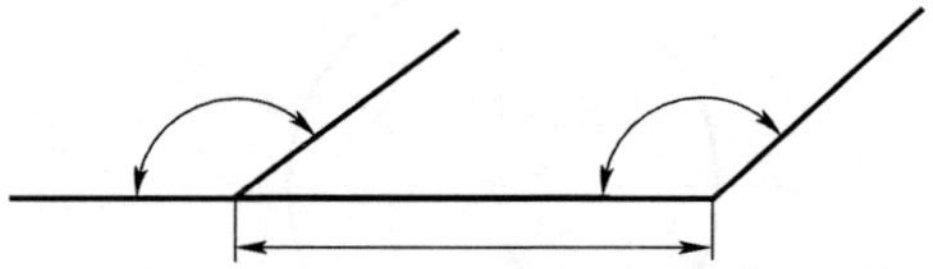

(2)下图为某桥桥型布置图。已知0号桥台的锥坡坡度为1:0.5,扩基顶端高程为43.130m,1号桥台的锥坡坡度为1:1,扩基顶端高程为44.413m,桥梁两侧边坡坡度为1:1.5,桥梁跨中水位线高程为46.201m,请试着在图中标出桥台两侧锥坡及边坡坡度、扩基顶端高程以及桥梁跨中水位线高程。(注:本图中长度单位为cm,高程单位为m)

立面

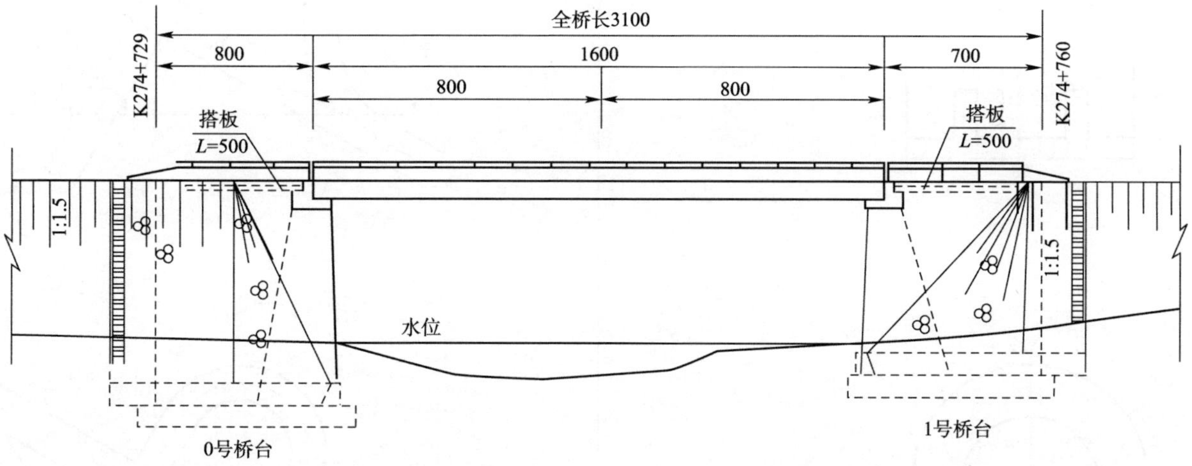

(3)下面两个图例分别为某施工图纸的一部分，请将其中标注错误的尺寸在原图上标记并改正过来。

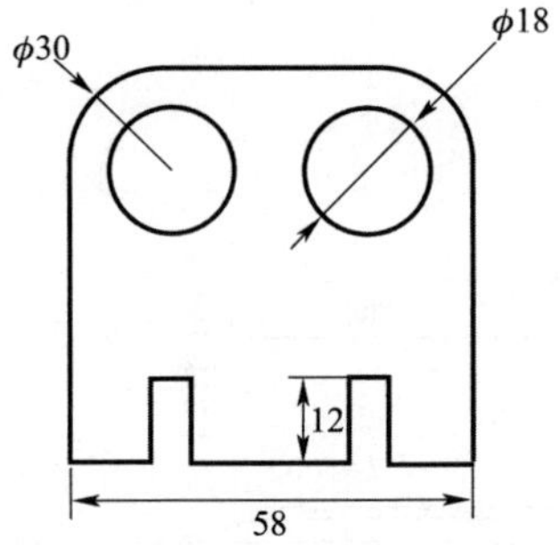

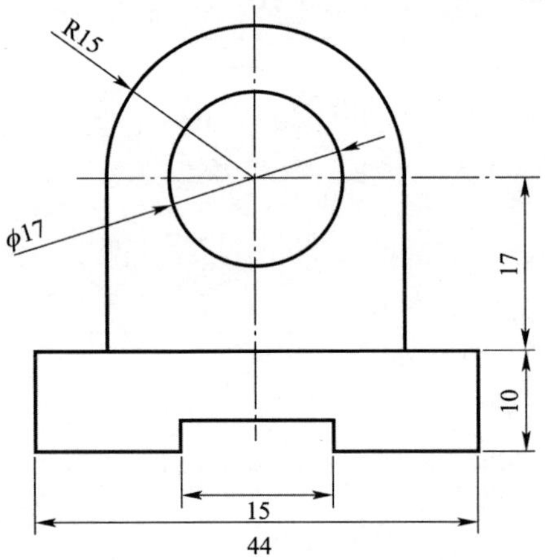

(4)下图为某立交桥图纸的一部分，请将尺寸重新标注一遍。

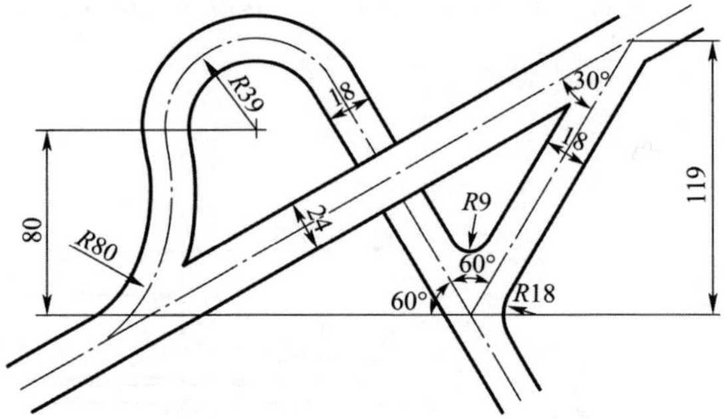

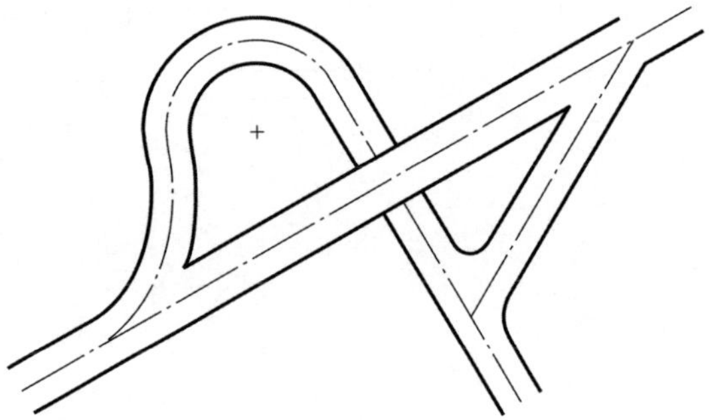

第二节 制图工具及其使用方法

一、填空题

1. ________是作图时用来固定图纸的垫板，是绘制工程图样的一种工具，其大小规格可以根据________来选定。

2. 丁字尺是主要用来与图板配合画________的工具。

3. 丁字尺由尺头和尺身构成，并要求尺头与尺身必须垂直呈________。

4. 在画铅垂线和某些特殊角度的斜线时，需用________和________配合。

5. 分规是主要用来________的绘图工具。

6. 圆规是用来画________的工具，其插脚有________、________、________和延伸插脚等几种。

7. 绘图使用的铅笔，铅芯硬度用________注明，标号________表示软而浓，________表示硬而淡，________表示软硬适中。

8. 曲线板是用来画________的工具，样式很多，曲率大小各不相同，其所画曲线________应顺畅。

9. ________是用来擦去画错曲线的工具，保护有用的图线不被擦掉。

二、判断题

1. 画水平线时铅笔应沿着丁字尺尺身工作边从右向左画，如水平线较多，应由下向上逐条画出。 ( )

2. 一副三角板是由30° + 60° + 90°和45° + 45° + 90°两块三角板组成。 ( )

3. 使用三角板画铅垂线时，应使丁字尺的尺头紧靠图板左边，推丁字尺到拟画线的下方，然后将三角板放在拟画线的右侧，并使三角板的一直角边紧靠在丁字尺的工作边上，移动三角板直至另一直角边紧贴铅垂线，再用左手轻轻按住丁字尺和三角板，右手拿铅笔，从下向上画，当铅垂线较多时，则由左向右逐条画出。 ( )

4. 分规可以分为普通分规和弹簧分规两种。 ( )

5. 一般画底稿时用B或2B的铅笔，用HB的铅笔写字和徒手画图，用H或2H的铅笔加深和描粗图线。 ( )

三、作图题

1. 利用两块三角板完成不同角度直线的绘制。

(1)绘制30°的直线。

(2)绘制60°的直线。

(3)绘制 45°的直线。

(4)绘制 75°的直线。

(5)绘制 135°的直线。

(6)绘制 15°的直线。

2. 利用绘图工具绘制直线的平行线和垂直平分线。

(1)绘制该直线的平行线。

(2)绘制该直线的垂直平分线。

3. 利用绘图工具进行线段及距离的等分。

(1)将直线段 *AB* 五等分。

A ______________ *B*

(2)将 AB、CD 两平行线之间的距离四等分。

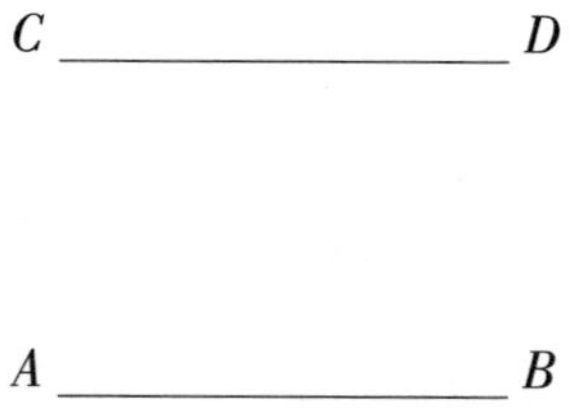

4. 按左图图例平分圆。

(1)

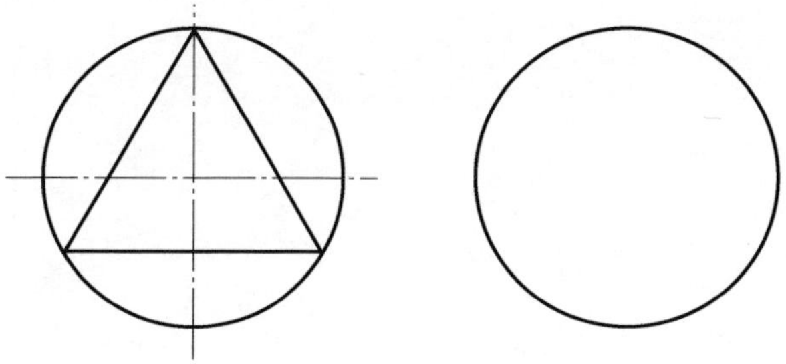

(2)

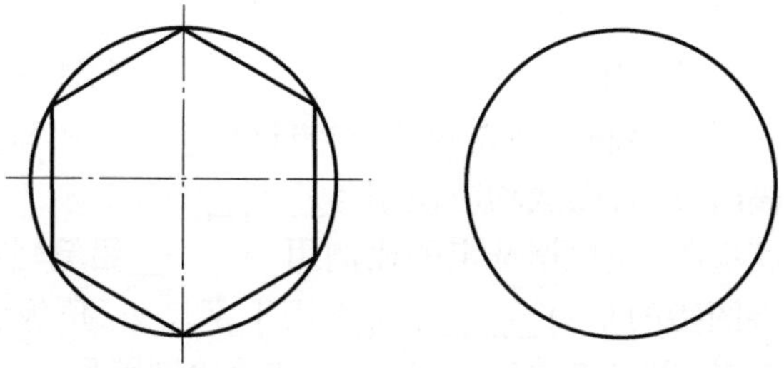

5. 下图是什么绘图工具？如何使用？

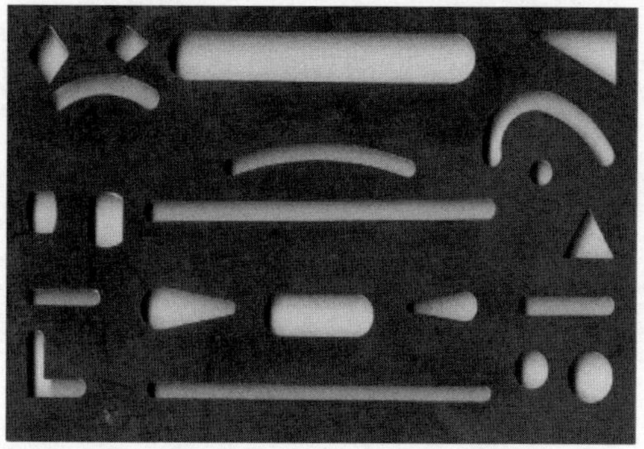

第三节　制图的步骤与方法

一、填空题

1. 目前常用的绘图方法有________、________和计算机绘图。

2. 工程图样的绘制必须先画底稿，再进行________和________。

3. 画底稿时，所有图线均应使用________。

4. 在画底稿时，应根据选定的比例用________铅笔轻轻画出。

5. 徒手绘图指的是用________，不用丁字尺、三角板、圆规，或部分使用绘图工具，以目测估计________，徒手绘制图形。

二、作图题

1. 已知直径为 40mm，绘制圆。

2. 已知长轴为 60mm，短轴为 30mm，绘制椭圆。

3. 已知外接圆半径为 40mm，求做圆内接六边形。

4. 按 1:1 抄绘下列图样。

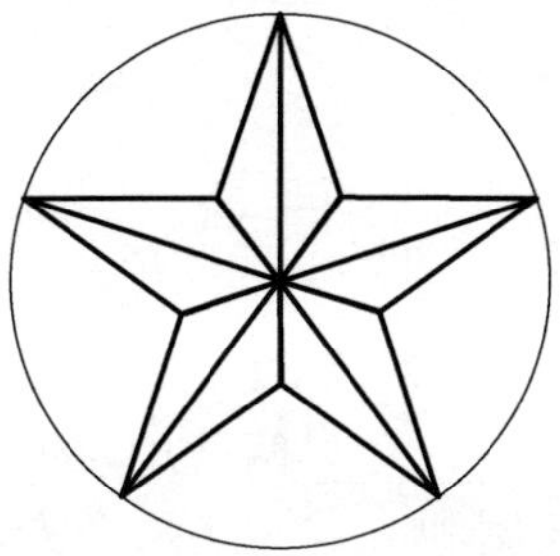

5. 按 1:1 抄绘下列图样。

6. 按 1:1 的比例抄绘下列图样。

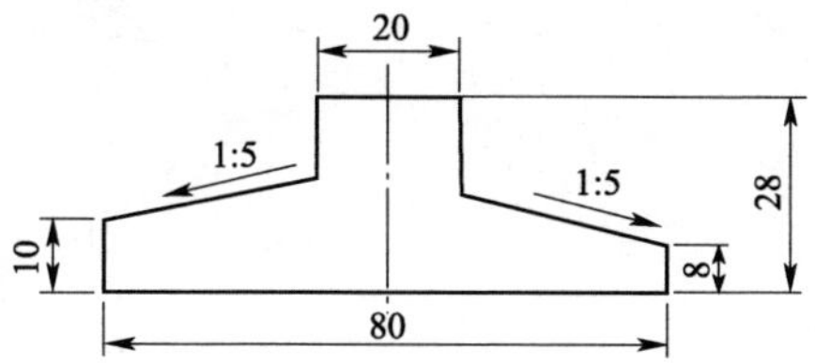

第二章　点、直线和平面

第一节　投影的基本知识

一、填空题

1. 投影中心________、________、________和________统称为投影体系。

2. 工程上常采用的投影法是________和________法。

3. 平行投影法按投射线与投影面是否垂直又分为________和________法。

4. 公路工程中常用的图示方法有________、轴测投影图、高程投影图和________图。

5. 当直线或平面平行于投影面时，其在该投影面投影反映________，这种性质叫作________。

6. 当直线垂直于投影面时，其在该投影面上的投影积聚为一点，这种投影特性称为________。

7. 当平面________于投影面时，其投影仍是平面类似形，但小于实形，这种投影特性即为正投影的类似性。

8. 正对观察者的投影面称为________，简称________。水平放置的投影面称为________，简称________。观察者右侧的投影面称为________，简称________。

9. 三面投影图的投影规律：________、宽相等、________。

10. 物体的 V 面投影反映了物体的长度和________两个方向的尺寸。

11. 物体的 H 面投影反映了物体的长度和________两个方向的尺寸。

12. 空间任何形体都具有________、________、________、________、上、下六个方位。

二、判断题

1. 投射线与投影面垂直的平行投影法称为斜投影。　(　　)

2. 直线上的点的投影仍在直线的投影上；平面上的点和直线，其投影不一定在此平面的投影上。　(　　)

3. 直线上一点把该直线分成两段，该两段长度之比，等于其相应投影长度之比，这种投影特性称为投影的平行性。　(　　)

4. 若空间直线 $AB//CD$，则其投影 $ab//cd$。　(　　)

5. 为了把空间三个投影面上所得到的投影画在一个平面上，必须把三个互相垂直的投影面展开，展开方法是保持 V 面不动，H 面绕 OX 轴向下旋转 90°，W 面绕 OZ 轴向右旋转 90°。　(　　)

6. 在三视图中，W 面投影反映了物体的长和宽。　(　　)

7. 物体的三面投影图是采用中心投影法得到的。　(　　)

8. 两点的 V 面投影能反映出点在空间的上下、左右关系。　(　　)

三、作图题

1. 找出与轴测图相对应的三视图，在每题的括号内填写轴测图的序号。

（1）

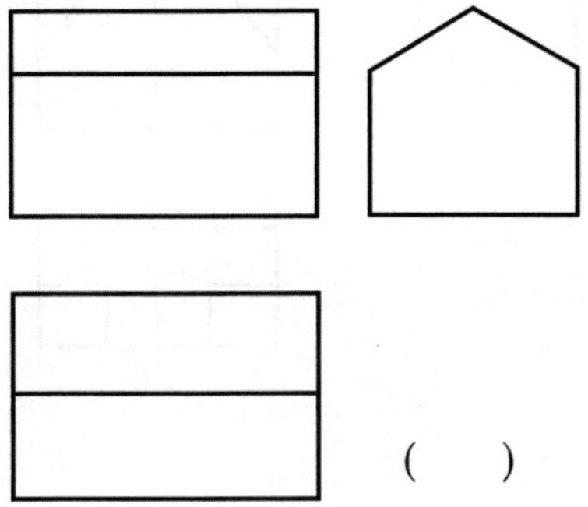

（   ）

（2）

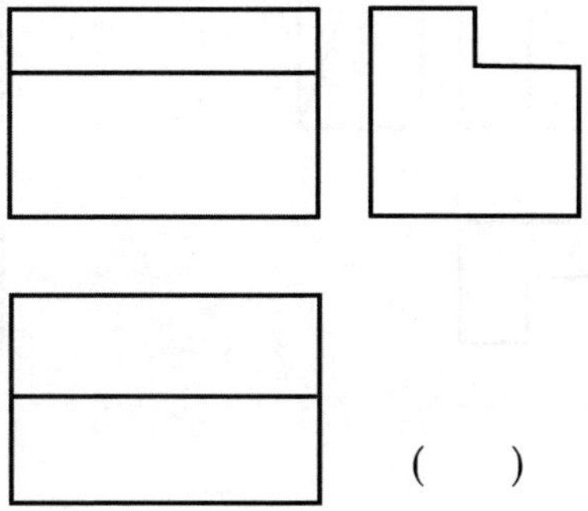

（   ）

（3）

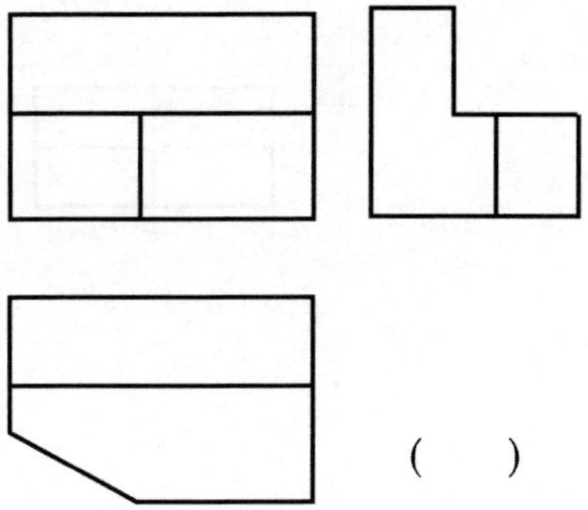

（   ）

（4）

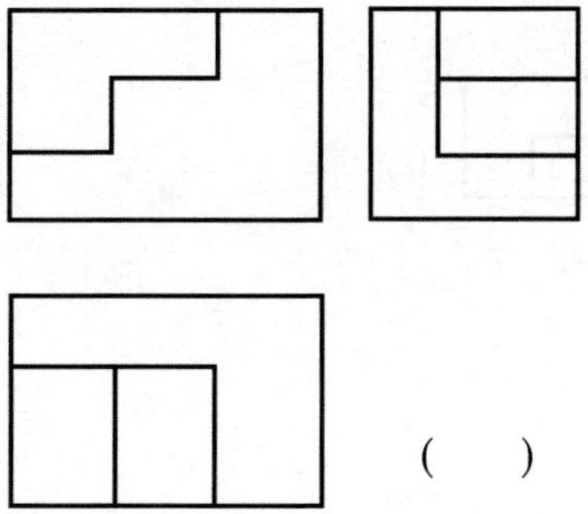

（   ）

①

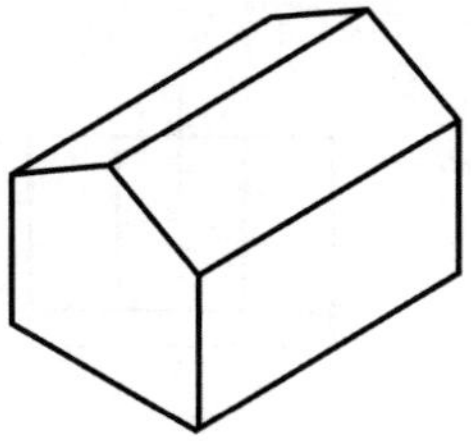

②

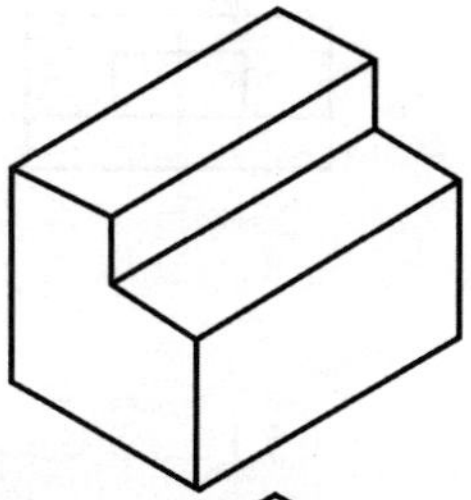

③

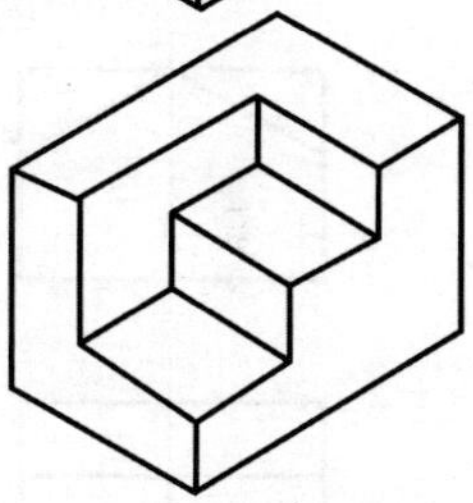

④

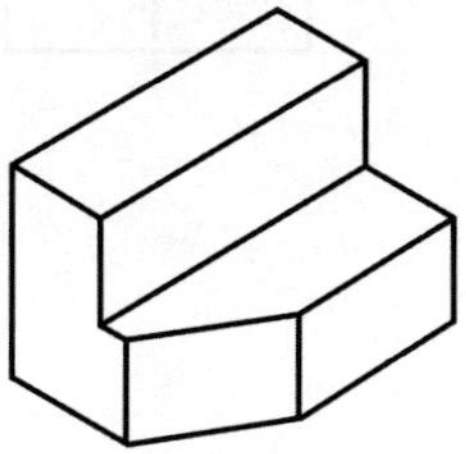

2. 找出与轴测图相对应的三视图，在每题的括号内填写轴测图的序号。

(1)

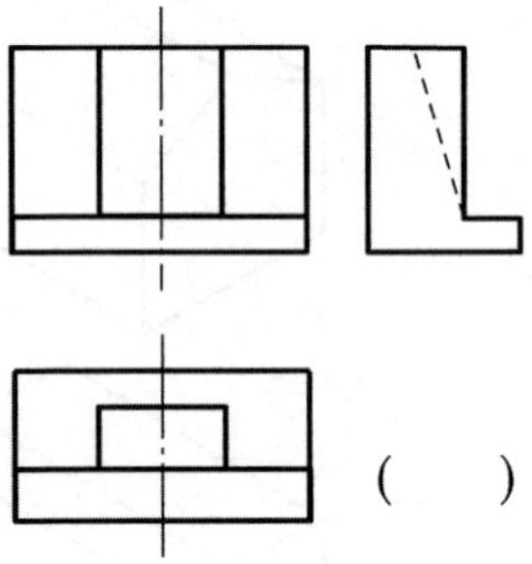

(　　)

(2)

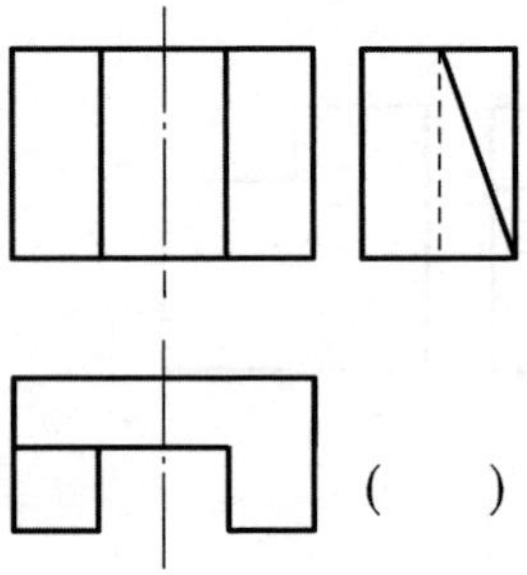

(　　)

(3)

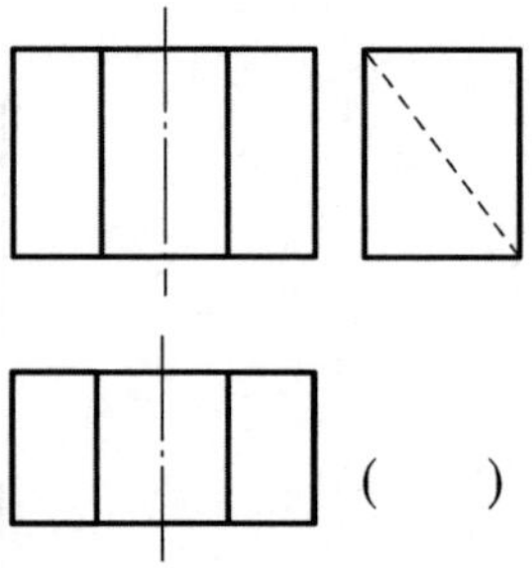

(　　)

(4)

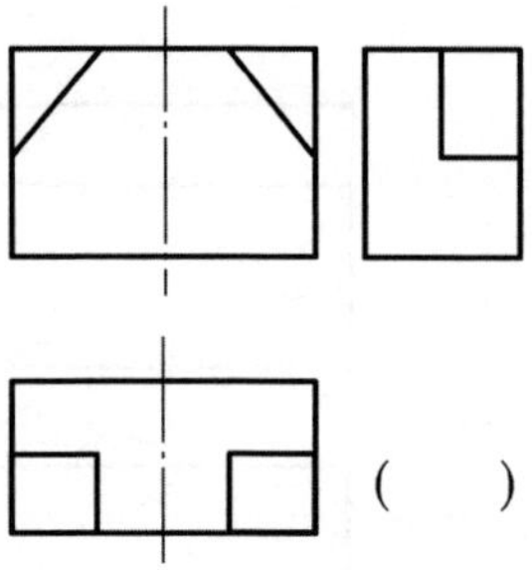

(　　)

(5)

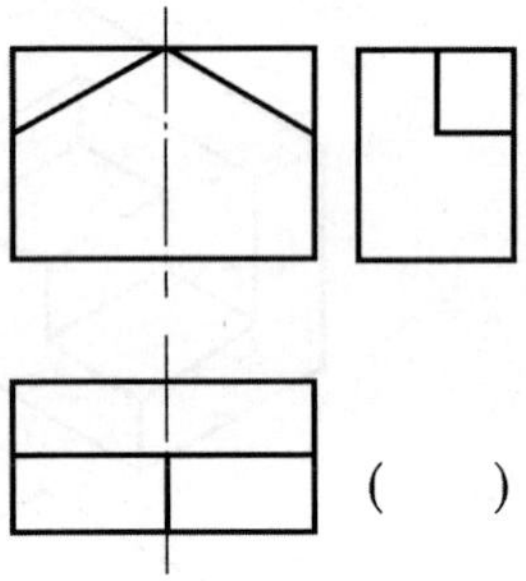

(　　)

(6)

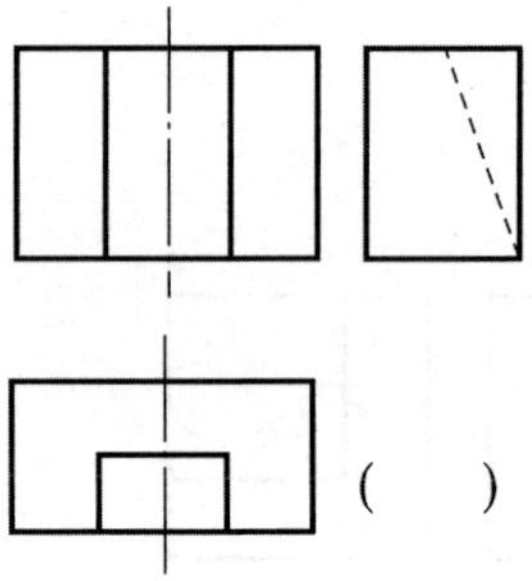

(　　)

(7)

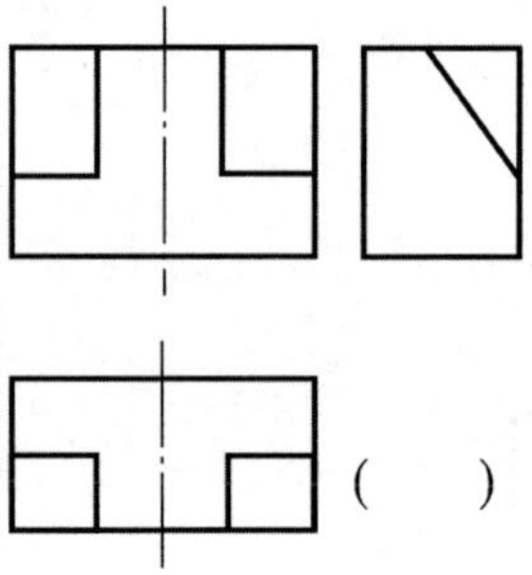

(　　)

(8)

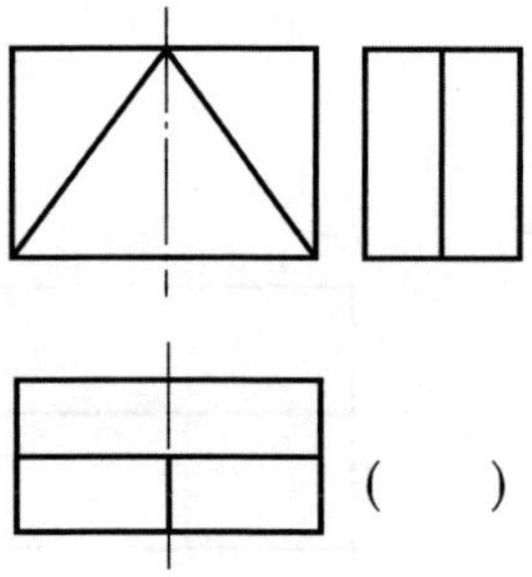

(　　)

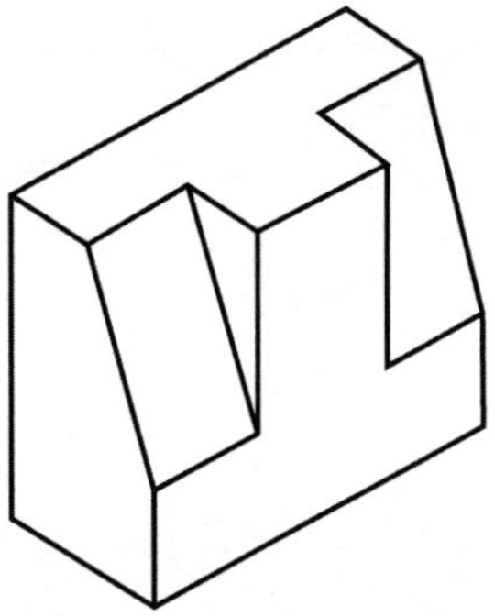

①

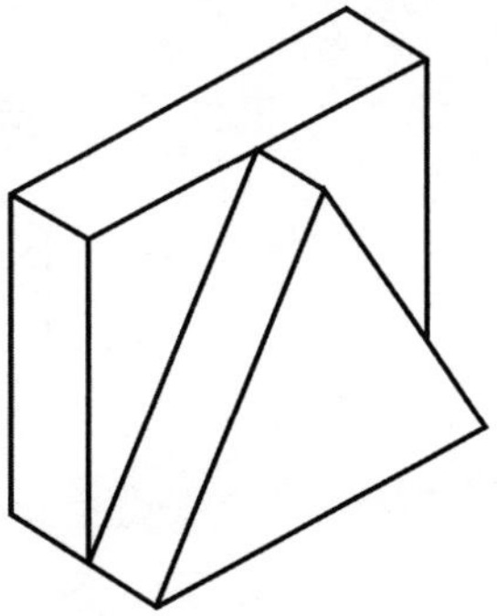

②

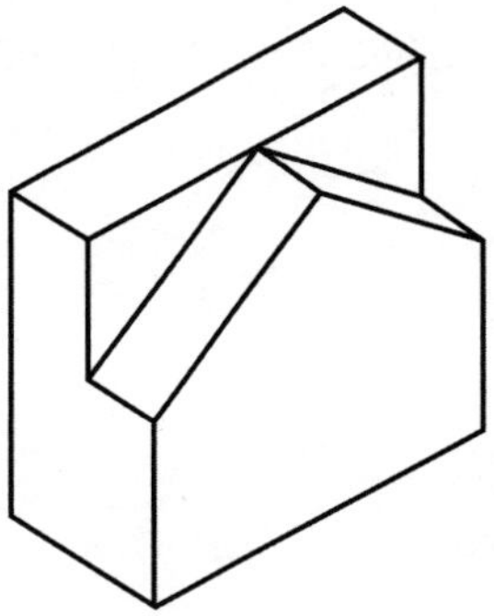

③

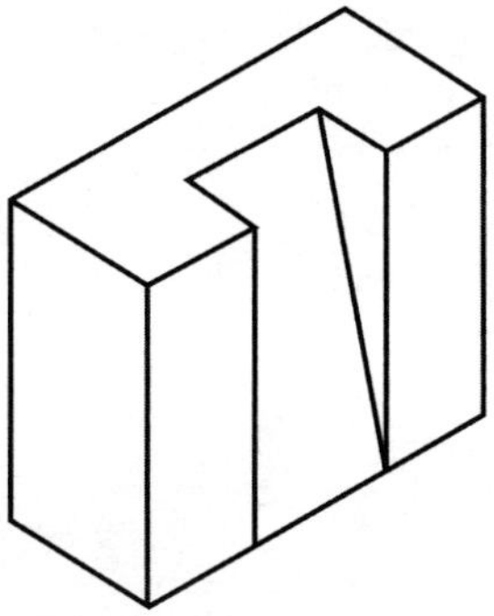

④

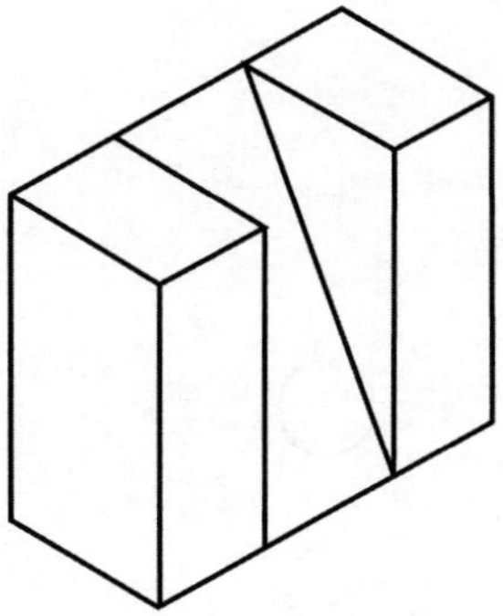

⑤

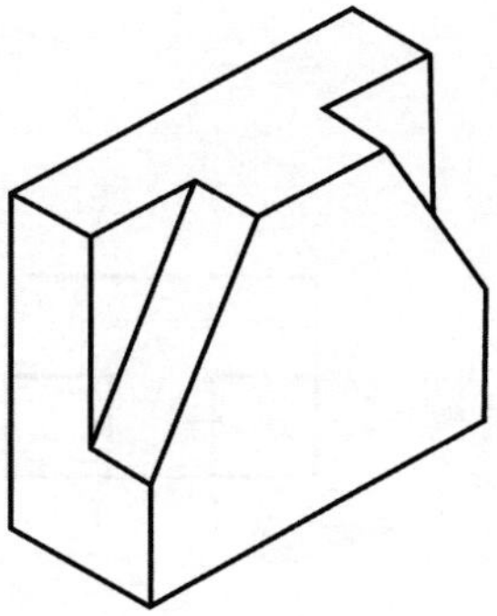

⑥

⑦

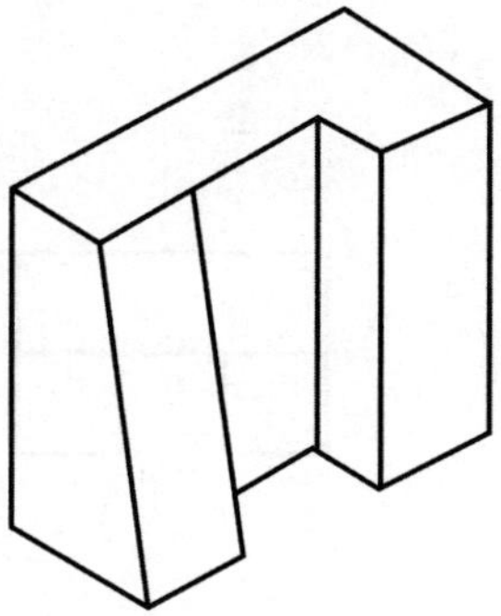

⑧

3. 根据轴测图找出对应的投影图,并在圆圈内填入轴测图的序号,然后在括号内填写物体的方位。

①

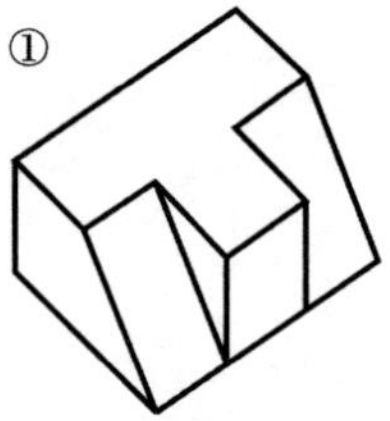

②

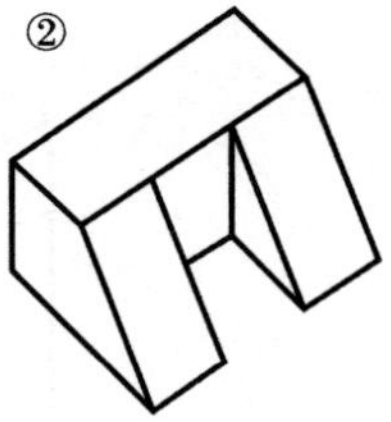

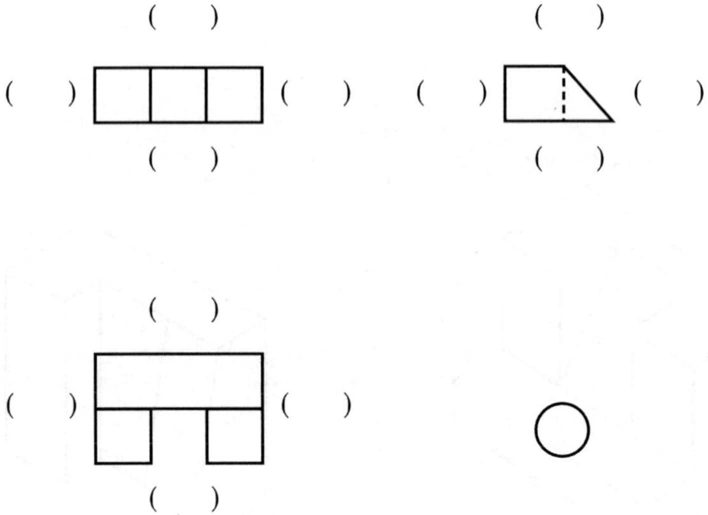

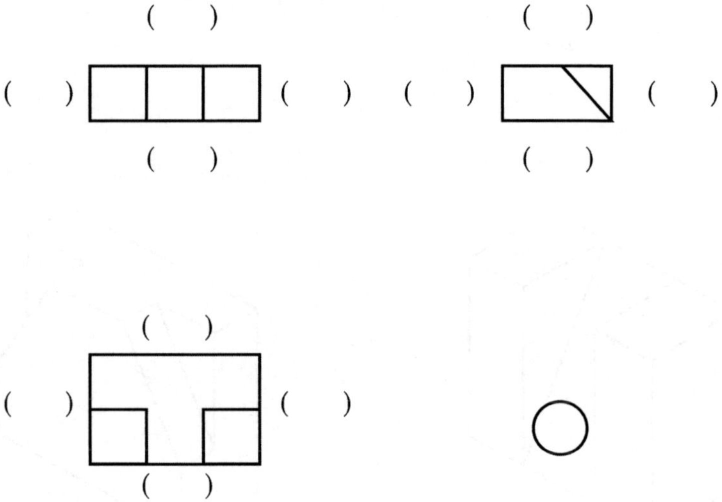

4. 根据形体两面投影，参照立体图补全三面投影图。

（1）

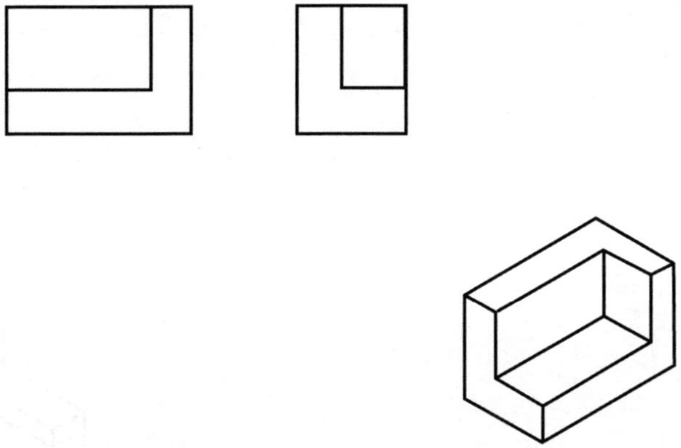

（2）

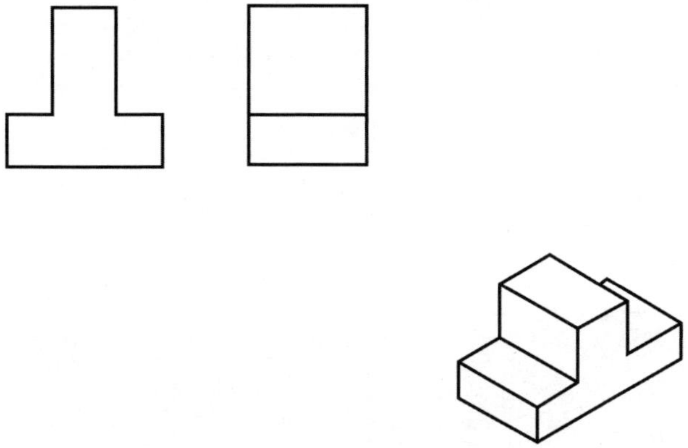

（3）

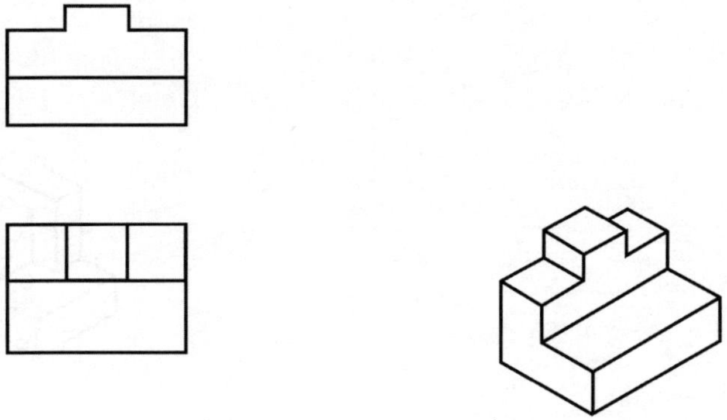

（4）

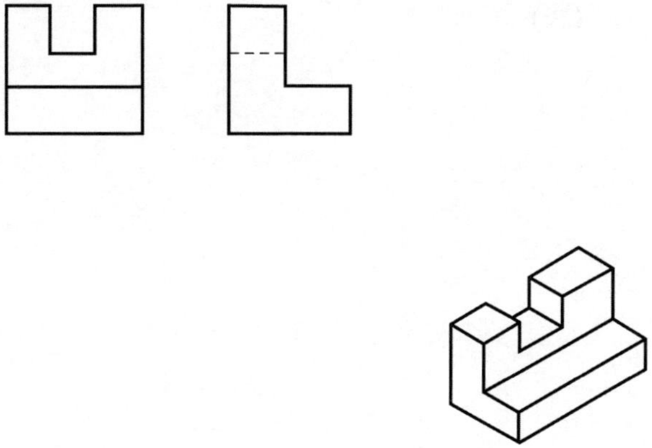

5. 已知立体图,量取尺寸,画出形体三面投影图。

（1）

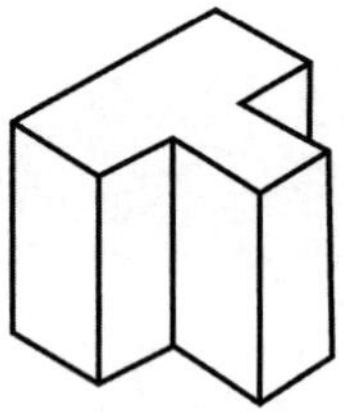

（2）

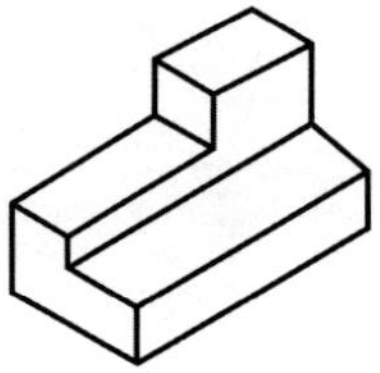

（3）

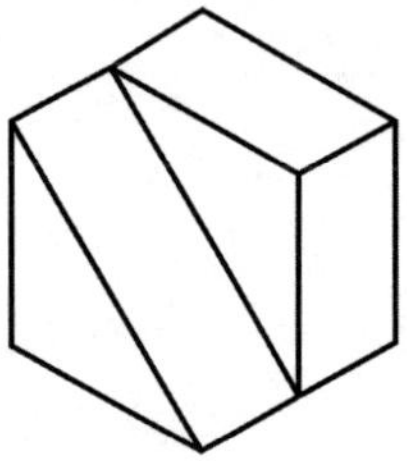

（4）

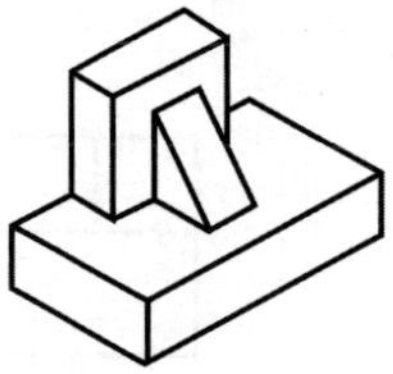

第二节　点的投影

一、填空题

1. 空间点用大写字母表示，如 A、B、C 等；H 面投影用相应的________表示，如________、________、________。

2. 投影轴上的点，________个投影与空间点重合，________个投影在原点上。

3. 点 A 的坐标(30,7,15)，则该点到 V 面的距离为________。

4. 点 B 的坐标(10,15,20)，则该点在 H 面上方________。

5. ________的大小可以判断两点的左右位置，Z 坐标值的大小可以判断两点的上下位置，________的大小可以判断两点的前后位置。

6. 点 A 坐标为(10,6,8)，点 B 坐标为(5,7,15)，则 A 点在 B 点的________方、下方、________方。

7. 空间两点在某一投影面上的投影重合为一点时，则称此两点为该投影面的________。

8. 已知点 A(10,10,10)，点 B(10,10,50)，则在________面产生重影点。

二、判断题

1. 点的 V 面和 H 面投影的连线垂直于相应的投影轴 OX 轴，即：$aa' \perp OX$，称为长对正。　(　　)

2. 点的 V 面和 W 面投影的连线垂直于相应的投影轴 OZ 轴，即：$a'a'' \perp OX$，称为宽相等。　(　　)

3. 投影面上的点，两个投影与空间点重合，一个投影在相应的投影轴上，它们的投影仍符合点的基本投影规律。　(　　)

4. 点 A 的坐标(20,7,5)，则该点对 W 面的距离为 7。　(　　)

5. 两点的相对位置指两点在空间的上下、前后、左右位置关系。　(　　)

6. 空间点的位置可以由其三维坐标来表示，一般书写为 $A(x,y,z)$，其中 x 坐标为点 A 到 W 面的距离，y 坐标为点 A 到 V 面的距离，z 坐标为点 A 到 H 面的距离。　(　　)

7. A、B 两点处在同一垂直于 W 面的投射线上，那么它们的水平投影 a 和 b 重合，空间点 A、B 称为水平投影面的重影点。　(　　)

三、作图题

1. 根据立体图，画 A 点的三面投影图。

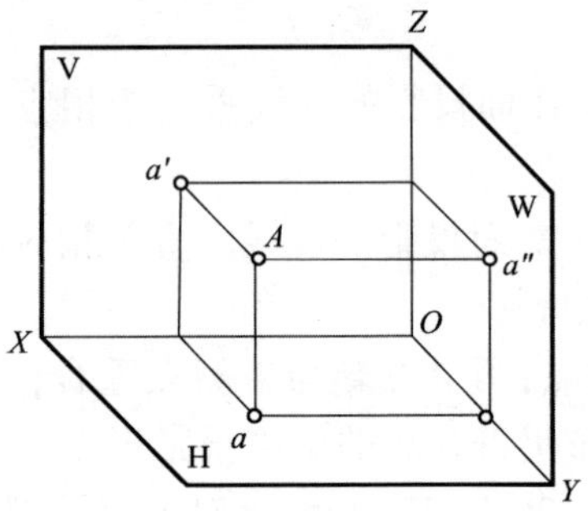

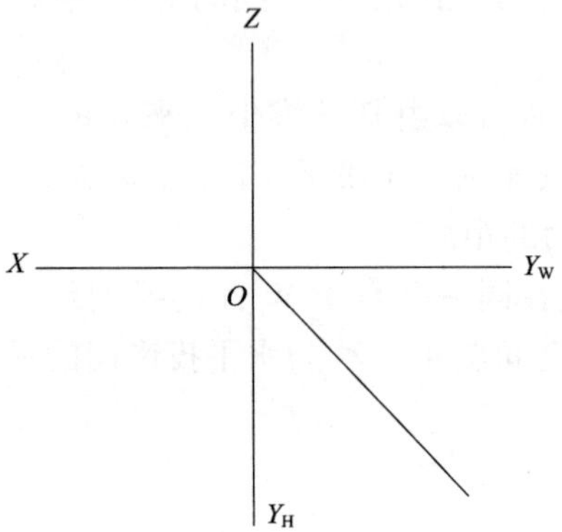

2. 根据 A、B、C 三点的立体图作出它们的投影图。

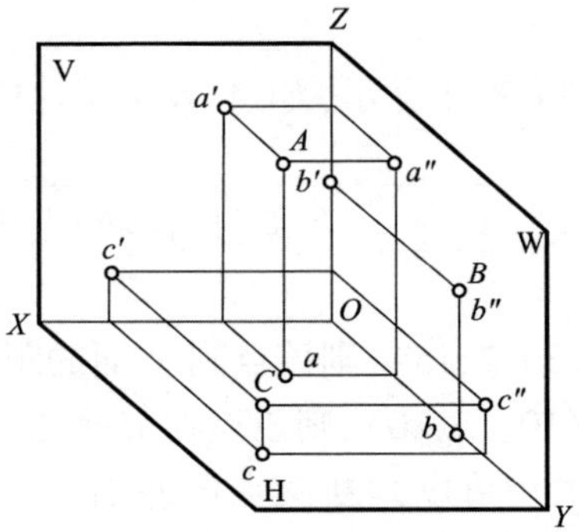

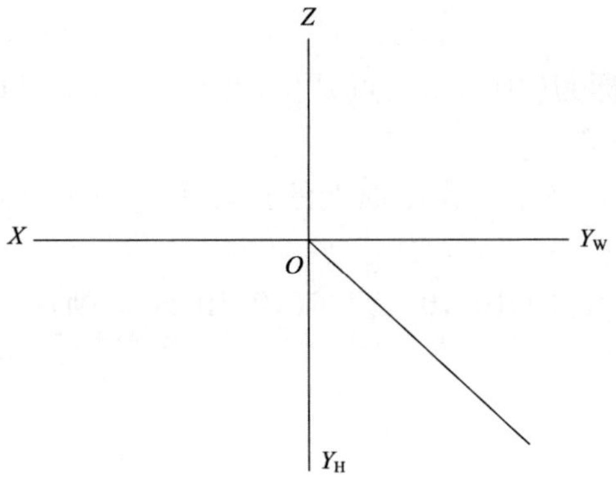

3. 已知点 E 的三面投影,求作点 E 直观图,并写出它的坐标值。

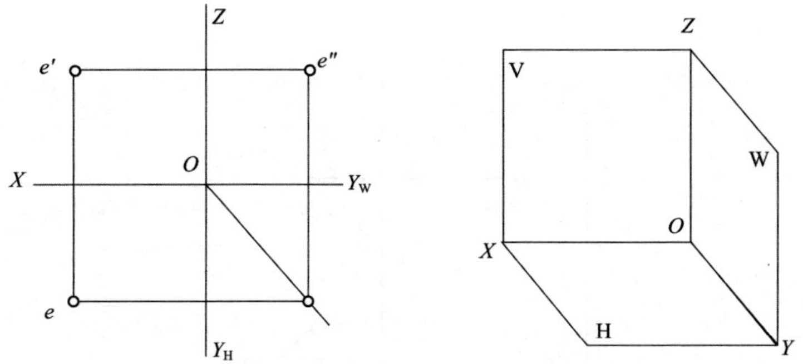

E (　　,　　,　　)

4. 已知点 A 距离 H 面 10mm,距离 V 面 8mm,距离 W 面 10mm;点 B 距离 H 面 20mm,距离 V 面 0mm,距离 W 面 0mm。求作 A、B 两点的三面投影。

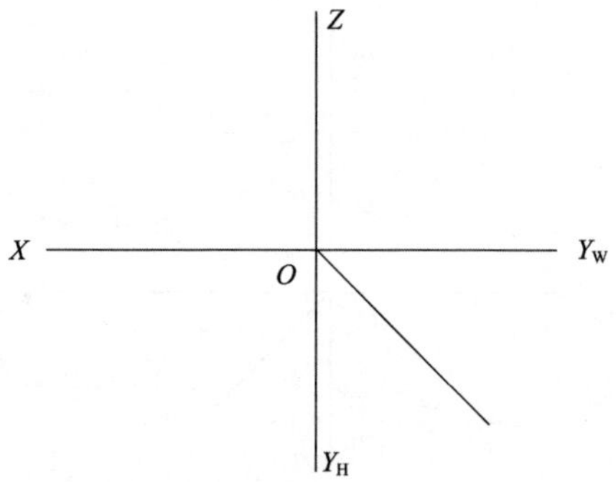

5. 已知点 $A(20,15,10)$，点 $B(10,0,15)$，求作 A、B 两点的三面投影。

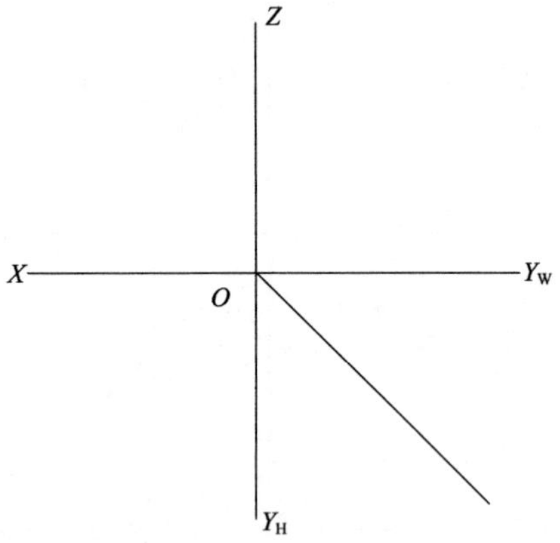

6. 已知下列各点的两面投影，作其第三面投影。

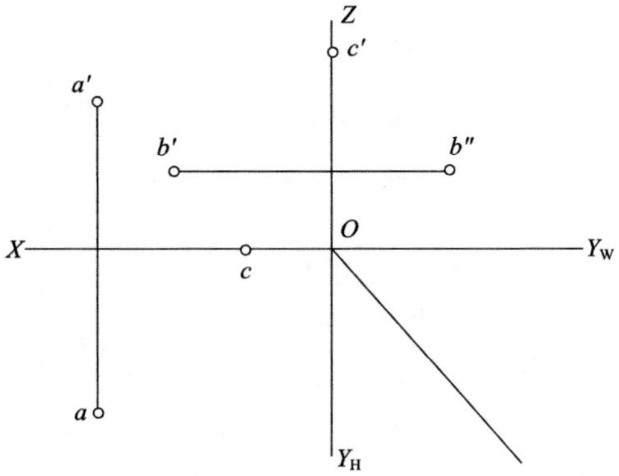

7. 已知点 $A(15,10,8)$，B 点在 A 点的正上方 10mm，C 点在 B 点正右方 5mm，求作 A、B、C 三点的三面投影。

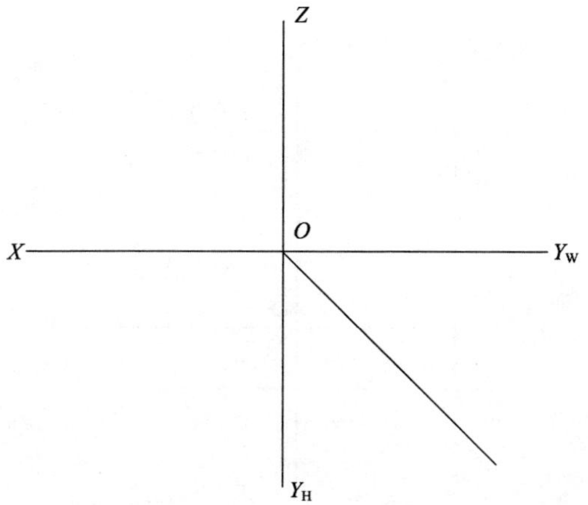

8. 已知 A 点的投影，B 点在 A 点右方 5mm、前方 15mm、上方 8mm，求作 B 点的三面投影。

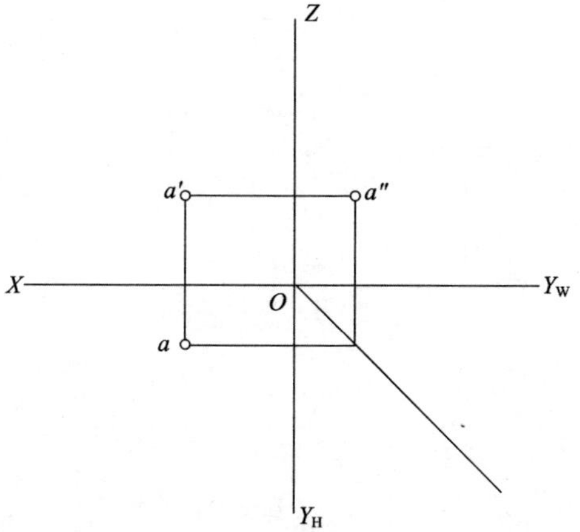

9. 已知 A、B 两点同高，B 点在 A 点之右 18mm，A 点距离 V 面 15mm，B 点距离 V 面 8mm，求作 A、B 两点的三面投影。

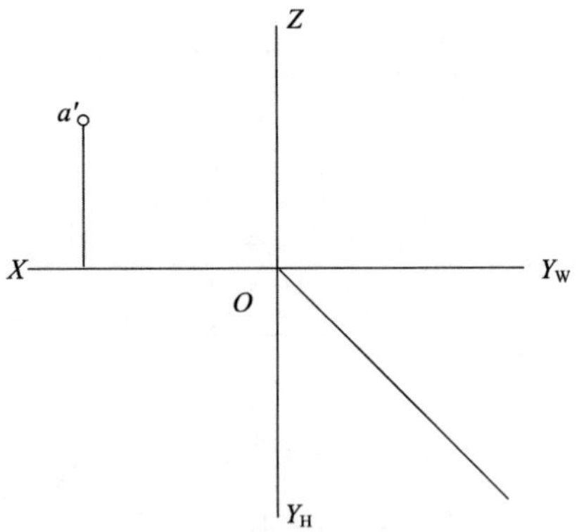

10. 已知点 B 在点 A 的正右方 10mm；点 C 与点 A 是对 V 面的重影点，点 D 在点 A 的正下方 15mm，补全各点的三面投影，并判断可见性。

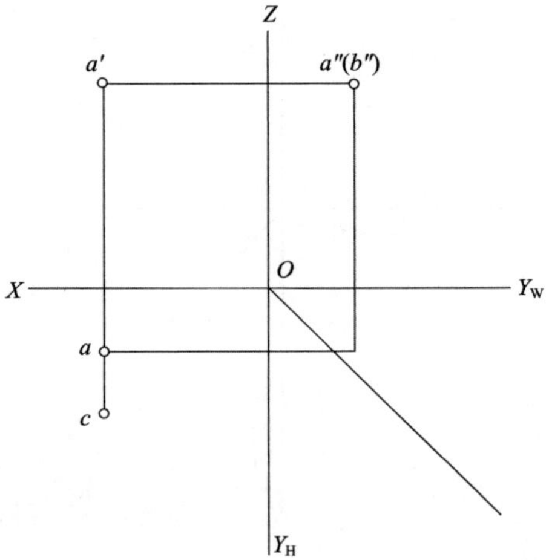

第三节　直线的投影

一、填空题

1. 由几何学原理知两点确定一直线，所以画出直线上任意两点的投影，连接其________投影，即为直线的投影。

2. 直线和它在某一投影面上投影间的夹角，称为直线对该投影面的倾角。对 H 面的倾角用________表示；对 V 面的倾角用________表示；对 W 面的倾角用________表示。

3. 在三面投影体系中，根据直线和投影面的位置关系，直线可分为________、________和________，前两种统称为特殊位置直线。

4. 平行于 H 面，倾斜于 V 面、W 面的直线称为________。

5. 直线 *AB* 仅 W 面投影反映实长，该直线为________。

6. 垂直于某一投影面（必定平行于其他两个投影面）的直线称为________。

7. 直线 *AB* 的 V 面、W 面投影均反映实长，该直线为________。

8. 直线 *AB* 的 V 面投影积聚为一点，该直线为________。

9. 一般位置直线在三个投影面上的投影均________实长，并且其投影与投影轴之间的夹角不反映直线对投影面的倾角。

10. 直线上点的投影必在该直线的同面投影上，该性质称为________。

二、判断题

1. 平行于某一投影面，倾斜于另外两个投影面的直线称为投影面平行线。（　）

2. 水平投影反映实长的直线，一定是水平线。（　）

3. 直线 *AB* 的 H、W 面均反映实长，该直线为正垂线。（　）

4. 直线 *CD* 的 H 面投影积聚为一点，该直线为铅垂线。（　）

5. 直线上点的投影必在该直线的同面投影上。（　）

6. 空间两直线的相对位置分为三种情况：平行、相交和交叉，其中前两种称为同面直线，交叉两直线称为异面直线。

7. 空间两直线相互平行，则他们的同面投影一定相互平行。

（　）

8. 线段上的点分割线段成某比例，则其投影必把该线段的投影分成同一比例。（　）

9. 若空间两直线相交，则其同面投影必相交，且交点的投影必符合空间点的投影特性，且交点是两直线的共有点。（　）

10. 两直线既不平行也不相交，称为两直线交叉。其同面投影可能相交，“交点”符合空间点的投影规律。（　）

三、作图题

1. 判断下列直线对投影面的相对位置，并填写直线类型。

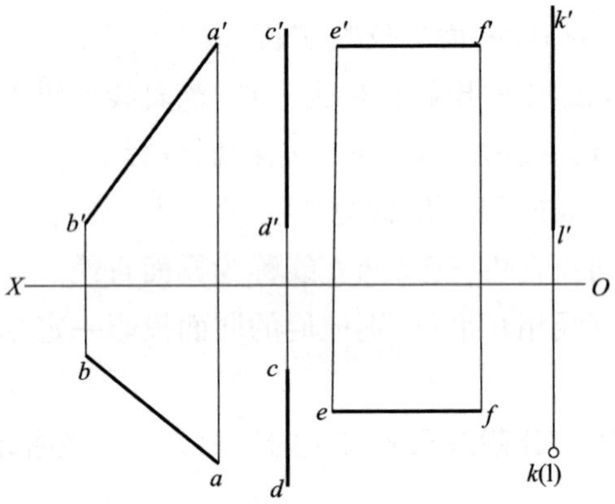

AB 是________线；*EF* 是________线；

CD 是________线；*KL* 是________线。

2. 根据直线的两投影求第三面投影，判断直线对投影面的相对位置，并填写直线类型。

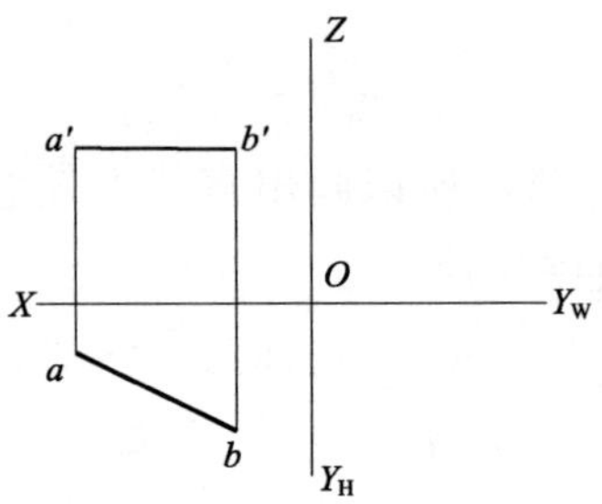

AB 是________线

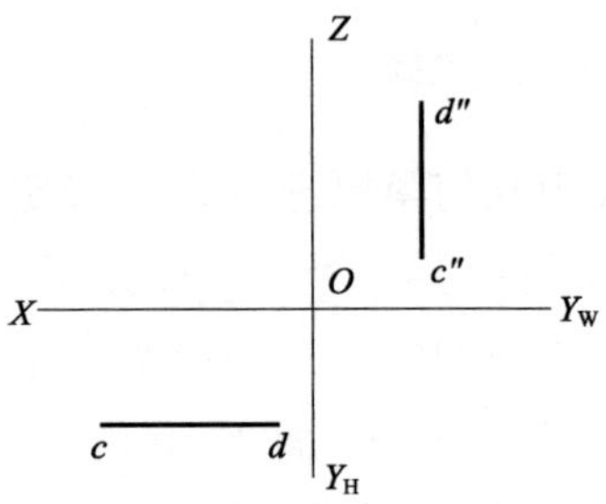

CD 是________线

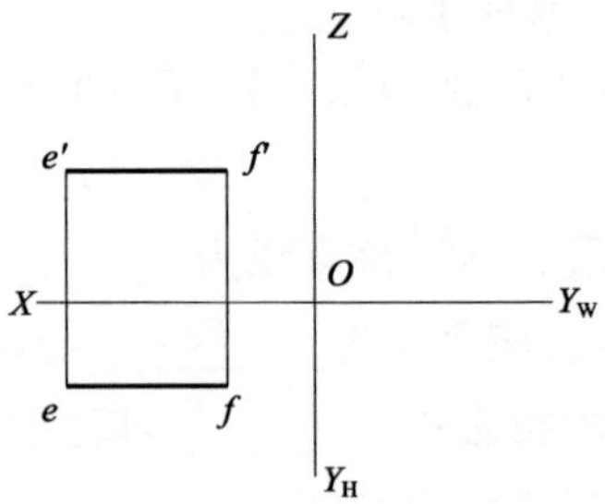

EF 是________线

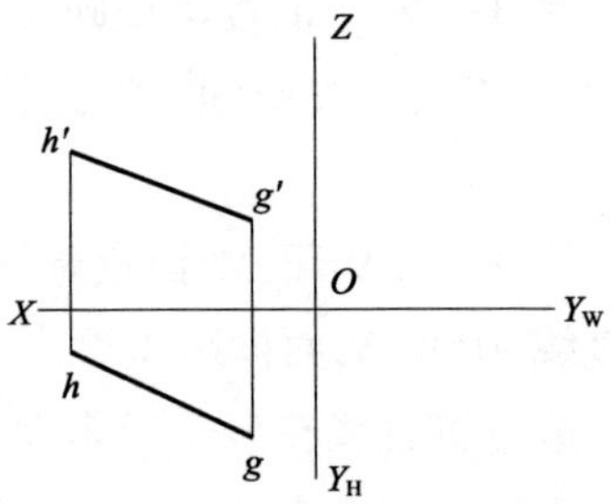

GH 是________线

3. 已知直线的两面投影，求作其第三面投影，并求出直线上点 K 的另外两面投影。

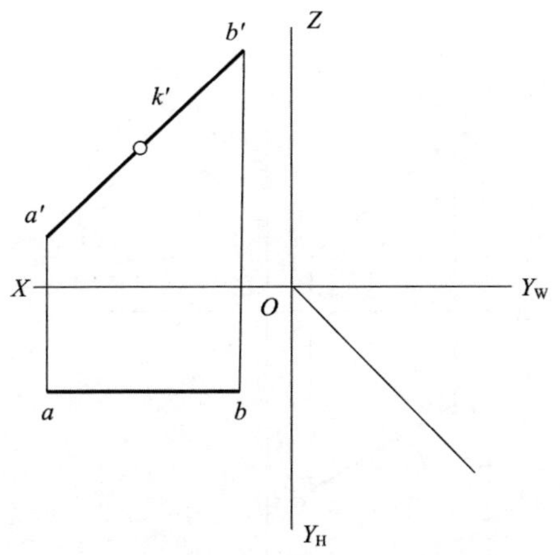

4. 已知直线的两面投影，求作其第三面投影，并说明直线的空间位置及反映实长的投影，同时求出直线上点 K 的 W 面投影。

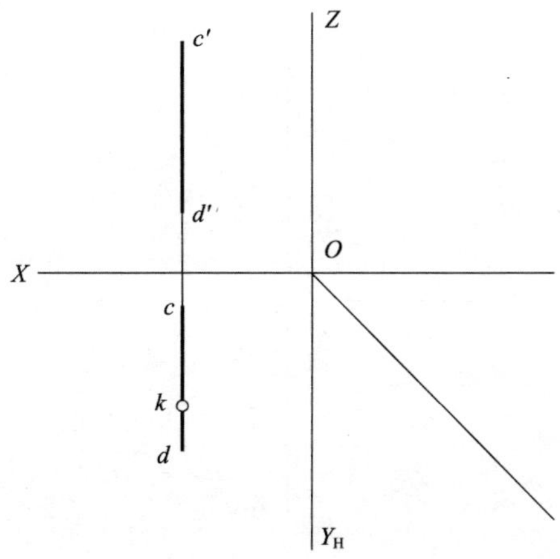

5. 已知端点 $A(15,10,16)$、$B(7,8,20)$，作出直线 AB 的三面投影。

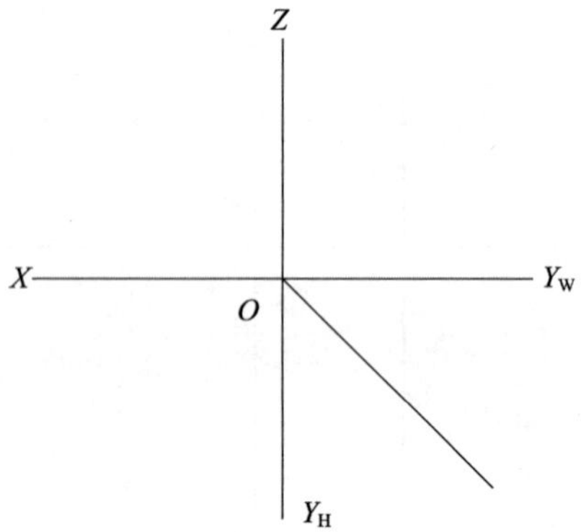

6. 已知直线 CD 的两面投影，作出直线 CD 的第三面投影。

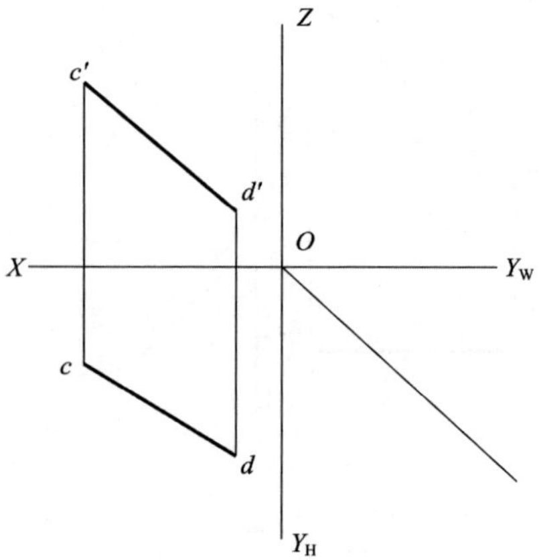

7. 过 *A* 点作直线 *AB* 与直线 *CD* 平行。

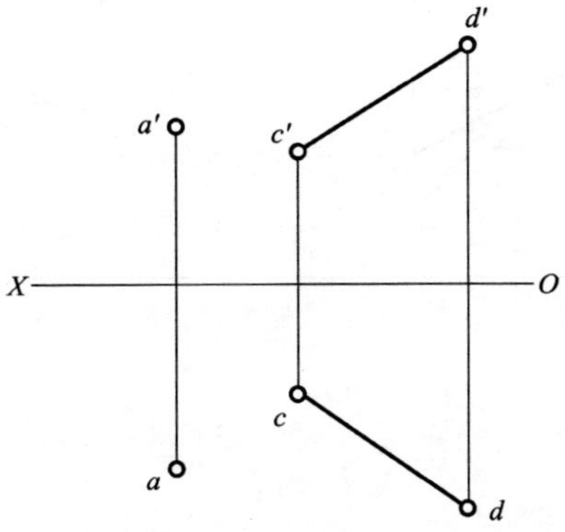

8. 过 *C* 点作一水平直线 *CD*,与直线 *AB* 相交。

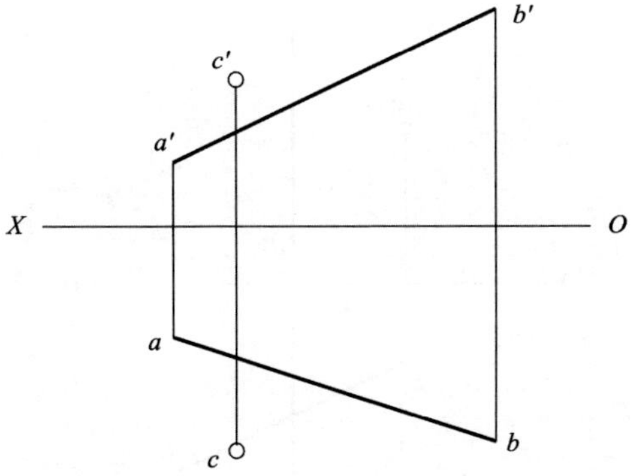

9. 已知直线 *AB* 与 *CD* 相交,完成 *AB* 的 V 面投影。

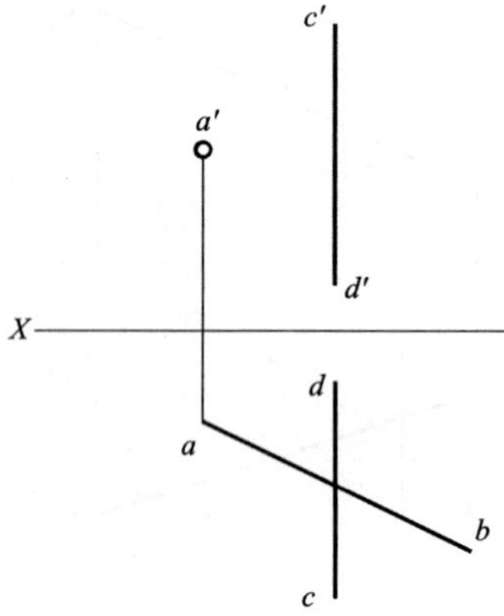

10. 写出各直线的相对位置关系。

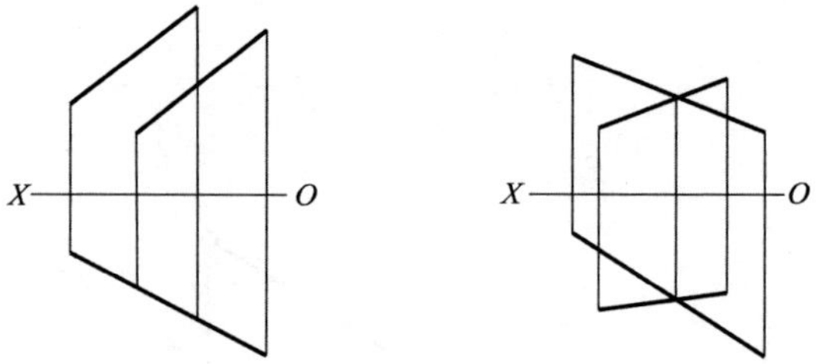

________________ ________________

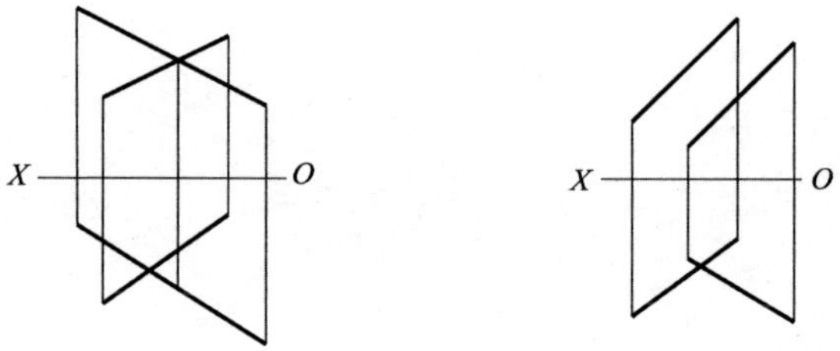

________________ ________________

第四节　平面的投影

一、填空题

1. 根据平面和投影面的相对位置不同，平面可分为投影面平行面、________和一般位置平面，前两种统称为________。

2. 对________投影面平行，同时垂直于其他两个投影面的平面称为投影面平行面。

3. 投影面平行面中，平行于 H 面的平面称为________；平行于________V 面的平面称为正平面；平行于 W 面的平面称为________。

4. 平行于 V 面，垂直于其他两个投影面的平面称为________。

5. V 面反映实形，其他两个投影面均积聚为一条直线，则该平面为________。

6. 垂直于一个投影面，同时________其他两个投影面的平面称为投影面垂直面。

7. 投影面垂直面中，垂直于 H 面的平面称为铅垂面；垂直于 V 面的平面称为________；垂直于 W 面的平面称为________。

8. 某平面在 W 面上积聚为一条直线，其他两个投影面投影均为小于实形的类似形，该平面为________。

9. 某平面在 H 面上积聚为________，其他两个投影面投影均为小于实形的类似形，该平面为铅垂面。

10. 一般位置平面与三个投影面都倾斜。因此，在三个投影面上的投影都不反映________，而是缩小的________。

二、作图题

1. 已知点 $A(7,10,15)$、$B(10,8,5)$、$C(15,5,13)$，作出平面 ABC 的三面投影。

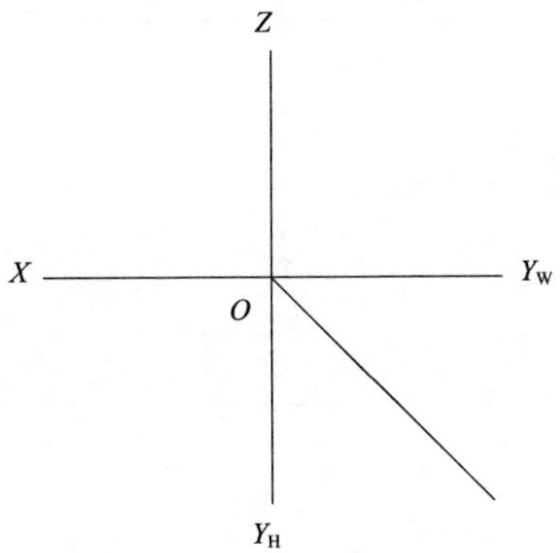

2. 已知点 $A(5,10,12)$、$B(10,15,10)$、$C(13,5,15)$、$D(20,8,17)$，作出平面 $ABCD$ 的三面投影。

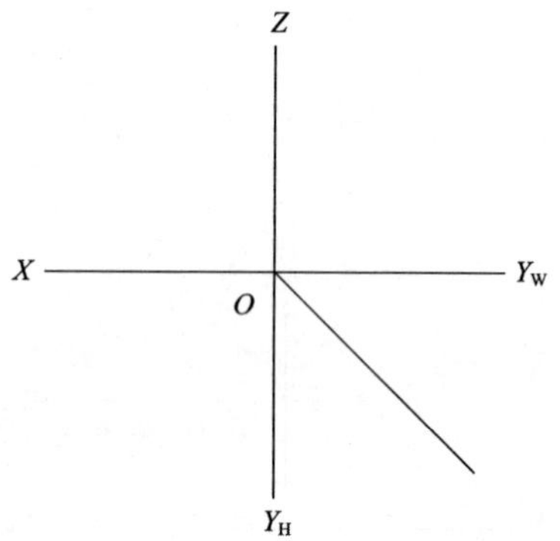

3. 完成题 2 中平面 $ABCD$ 的立体图。

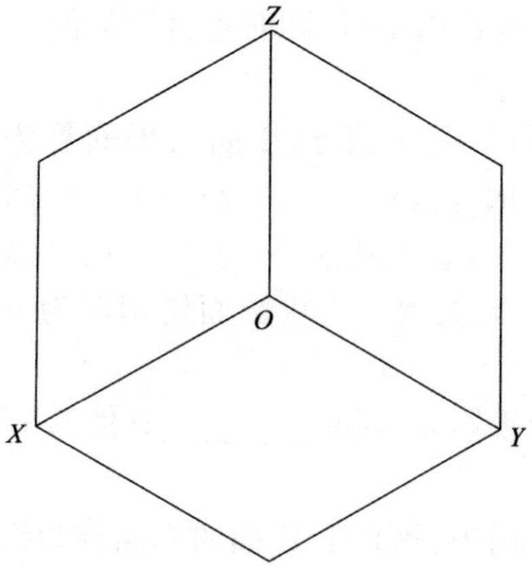

4. 补全平面 *ABC* 三面投影图。

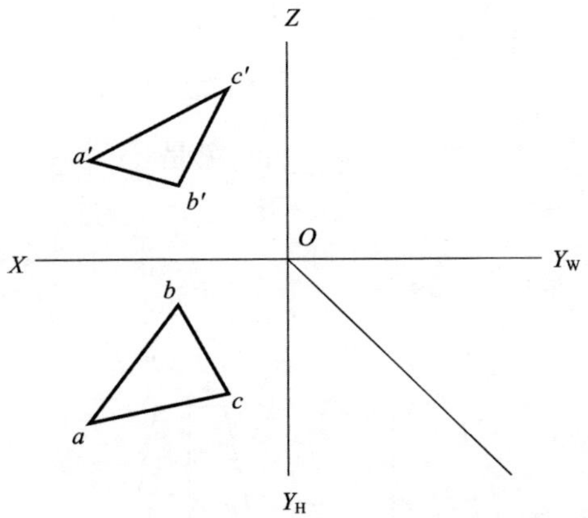

5. 补全平面 *ABCD* 三面投影图。

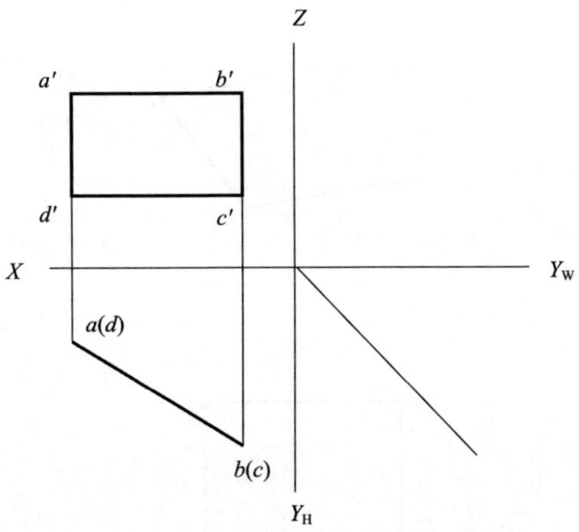

6. 根据平面两面投影，判别下列平面的名称。

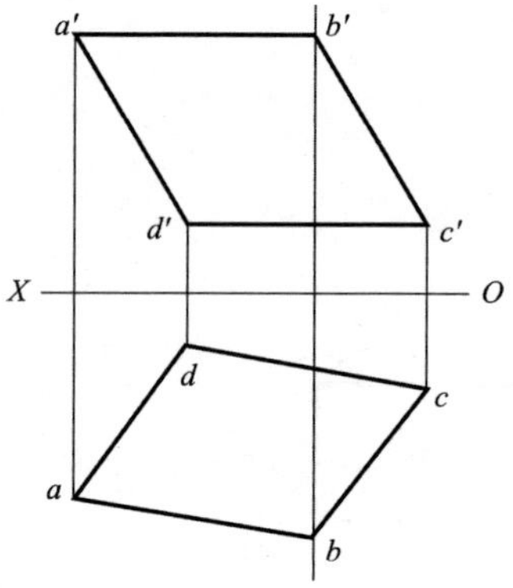

______

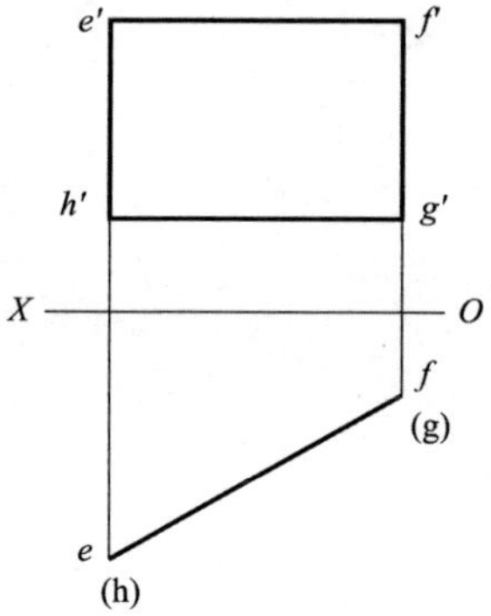

______

7. 根据立体图，在三面投影图中，按 *P* 平面的形式标出指定平面的投影，并指出平面的名称。

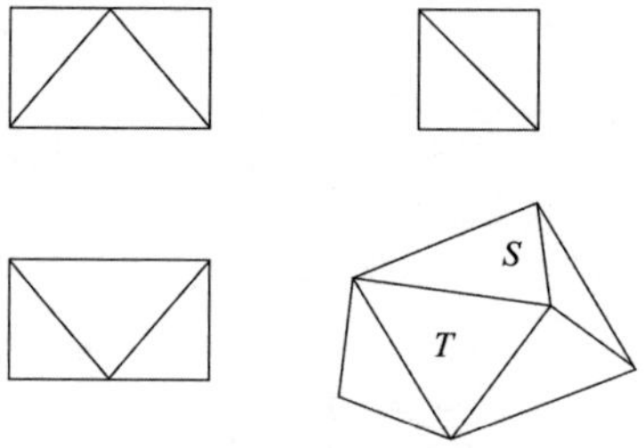

S 是______ *T* 是______

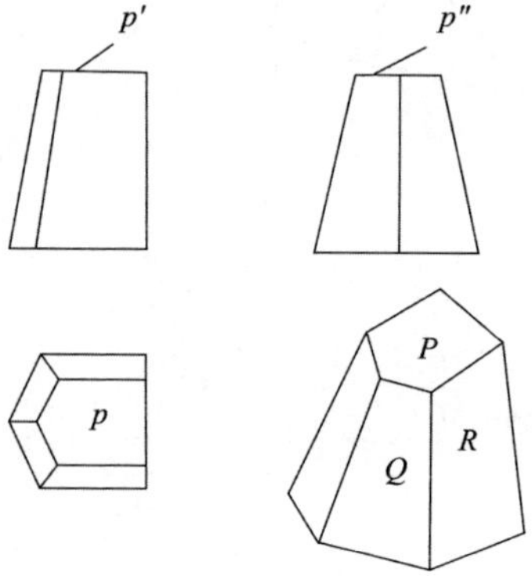

Q 是______ *P* 是______

8. 已知正平面距离 W 面 10mm，完成该平面的 H、W 面投影。

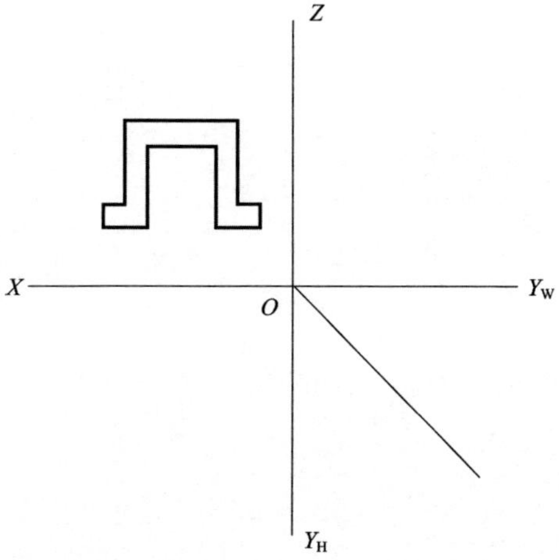

9. 完成下面铅垂面的 W 面投影。

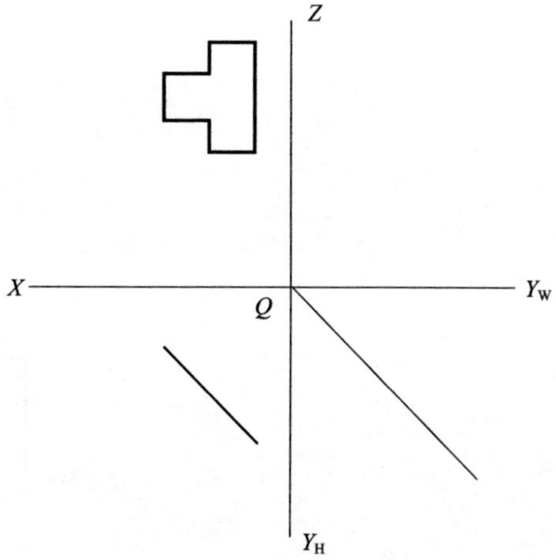

10. 已知平面图形的两面投影，求作其第三面投影，并说明它是什么位置平面。

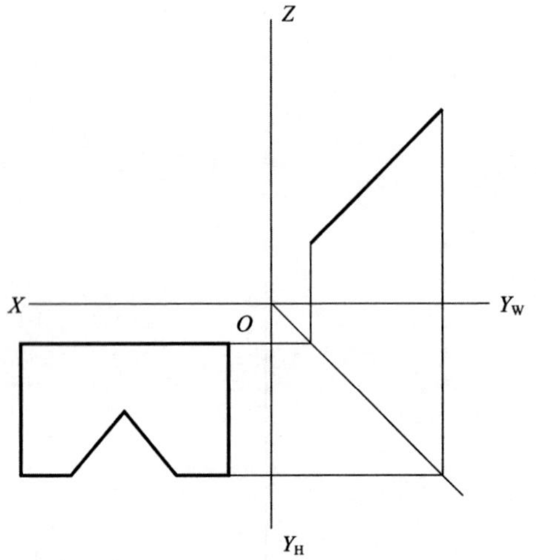

第五节　平面上的点和直线

一、判断题

1. 若点在平面上，则该点不一定位于平面上的某一直线上。（　）

2. 若直线在平面上，则该直线必通过平面上的两个已知点。（　）

3. 平面上平行于投影面的直线称为投影面平行线。（　）

4. 若直线在平面内，则通过平面内的一点。（　）

5. 平面内的投影面平行线，既符合直线在平面内的几何条件，又具有投影面平行线的一切特性。（　）

二、作图题

1. 已知△*ABC* 上 *M* 点的水平投影，求其正面投影。

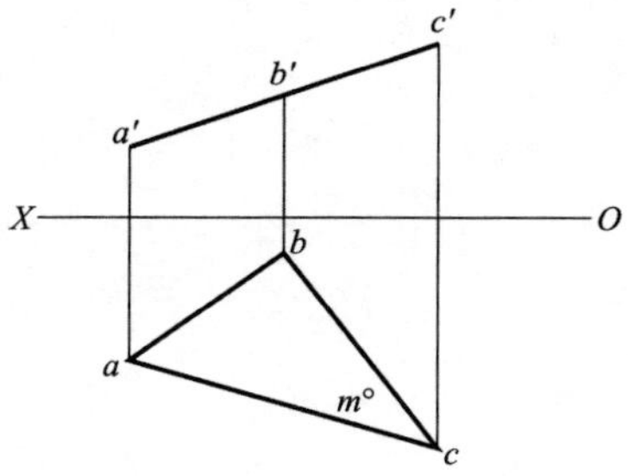

2. 在相交直线 *AB*、*BC* 组成的平面内，过点 *B* 作一水平线 *BD*，并在此平面内作 *BC* 的平行线 *EF*。

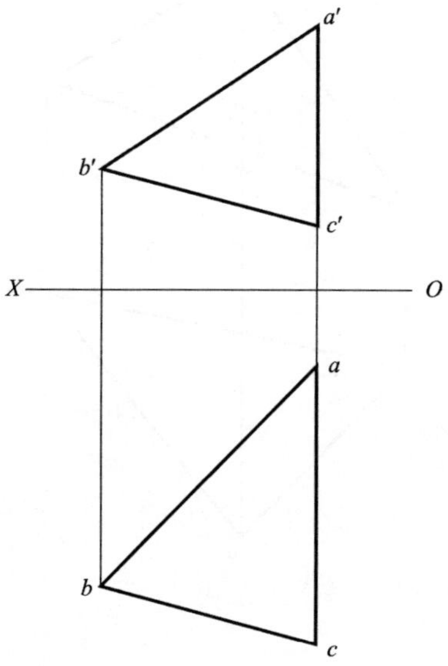

3. 在 △ABC 内确定 D 点，使 D 点距 H 面为 10mm，距 V 面为 20mm。

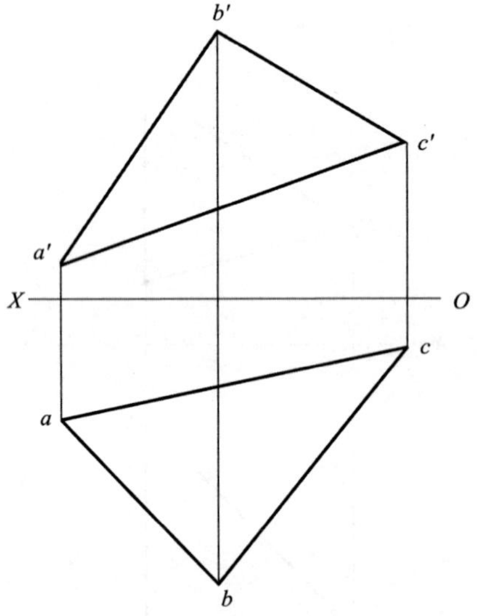

4. 完成五边形 $ABCDE$ 的正立面投影。

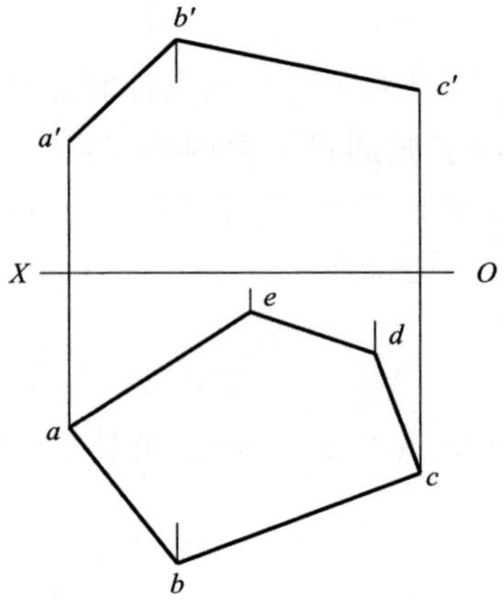

第三章　形体的投影

第一节　平面立体的投影

一、填空题

1. 平面立体是指形体的表面全部由________所组成。

2. 根据顶点的特征，平面立体可以分为________和________。

3. 棱柱体由__________、__________和__________组成；棱锥体由________、________和________组成。

4. 绘制正六棱柱的三面投影图时，应该首先绘制__________。

5. 棱锥体三面投影图的视图特征：两个视图为三角形（或几个共顶点的三角形）线框，第三视图为________。

二、作图题

1. 补画六棱柱投影图。

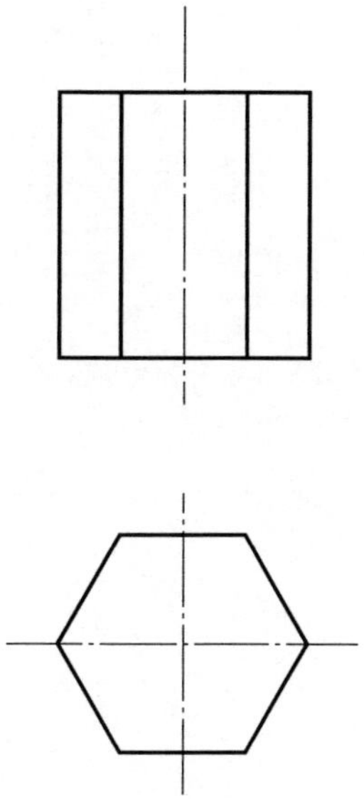

2. 补画三棱柱投影图。

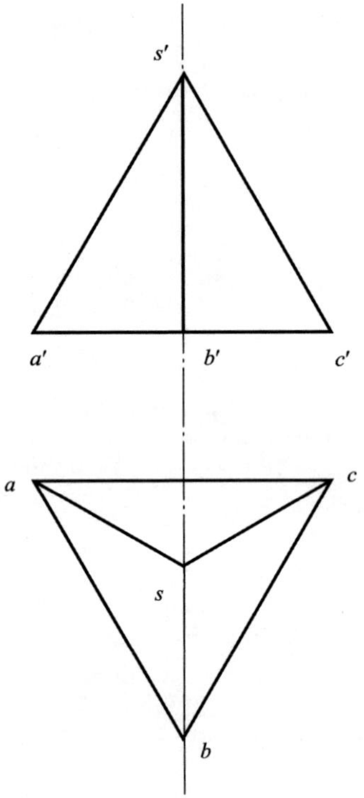

3. 作底面边长为 2cm，高度为 2.5cm 的三棱柱的三面投影图。

4. 补全平面体上各点的投影。

（1）

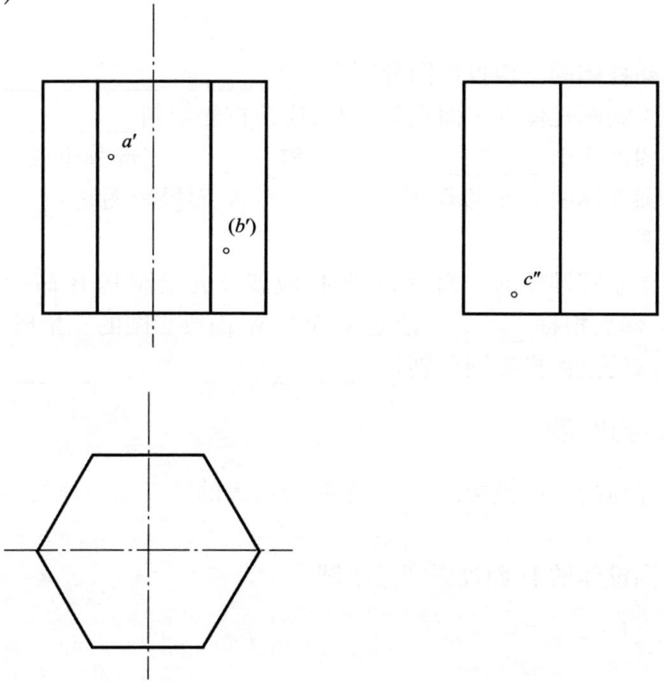

（2）

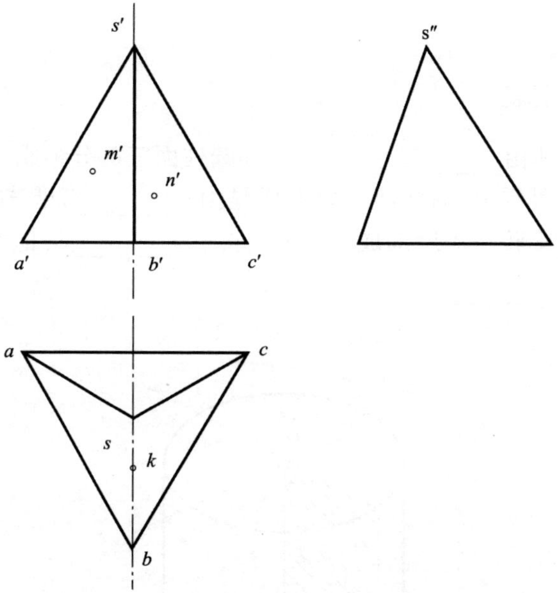

第二节　曲面立体的投影

一、填空题

1. 圆柱体由________、________和圆柱面三部分组成。

2. 如下图所示，圆柱面可以看成是由________绕圆柱体的中轴线________旋转一周所围成的。AA_1称之为________，把像AA_1这样的线称之为________。

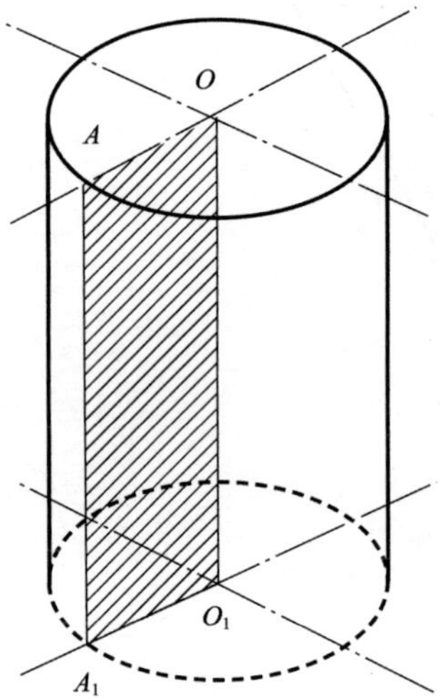

3. 圆柱体的三面投影图分别为________、________、________。

4. 绘制圆柱体的三面投影图时，应该首先绘制__________。

5. 圆锥体由________、________和________三部分组成。

6. 圆锥体的 H 面投影图是________，V 面投影图是________，W 面投影图是________。

7. 绘制圆锥体的三面投影图时，应该首先绘制其 H 面投影图中的圆形，然后根据________绘制 V 面和 W 面投影图的三角形。

8. 球的三面投影图分别是________、________、________。

二、判断题

1. 球体的三面投影图中，三个圆所代表的意义是一样的。（　　）

2. 圆锥体的 H 面投影图是个圆。（　　）

三、作图题

1. 作底面半径为 1.5cm、高度为 2cm 的圆柱体的三面投影图。

2. 作底面半径为 2cm、高度为 2cm 的圆锥体的三面投影图。

3. 求 a、a'', b、b''和 c、c'。

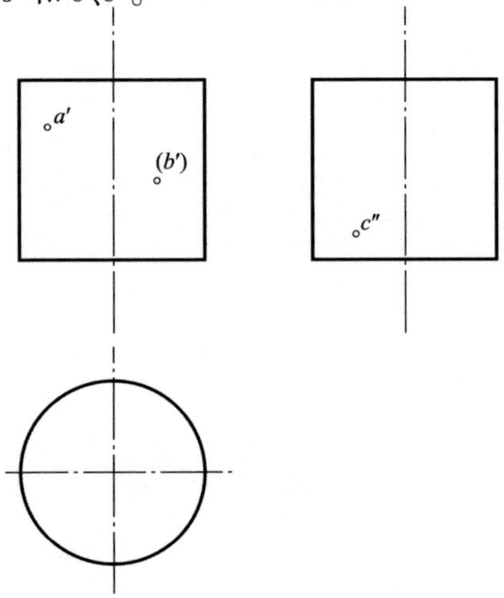

4. 求 a、a''和 b、b''。

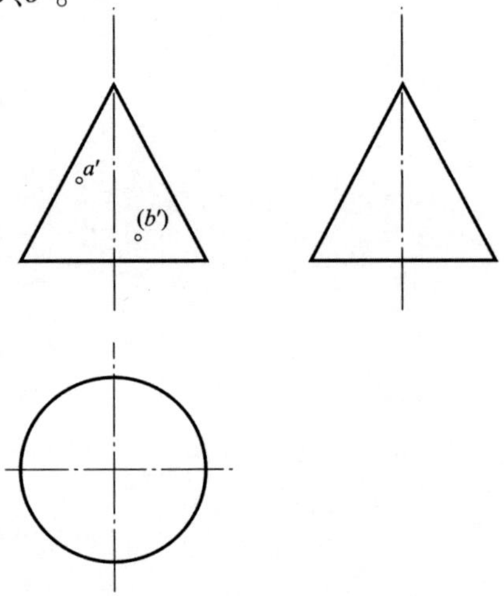

5. 求 n、n'和 m、m''。

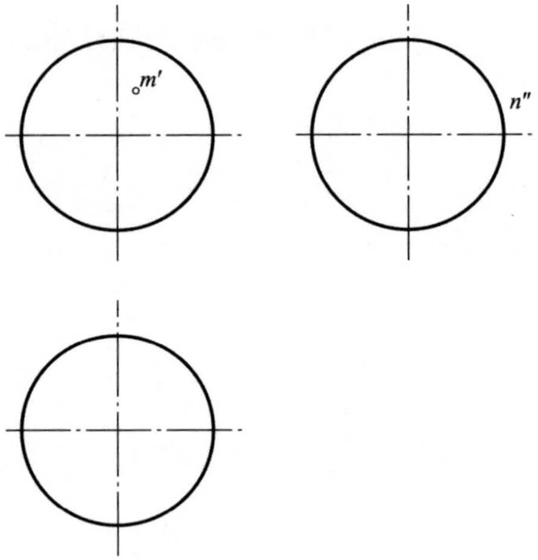

第三节　组合体投影图的画法

一、填空题

1. 组合体的组合方式有________、________、________。

2. 组合体的表面连接关系主要表现为两表面________、______、________和________。

3. 对齐共面衔接处________，不对齐共面衔接处________，两表面相切时________，以切线位置分界光滑过渡时________，相交时________。

二、作图题

1. 根据立体图，按照1∶1的比例绘制出三面投影图。

(1)

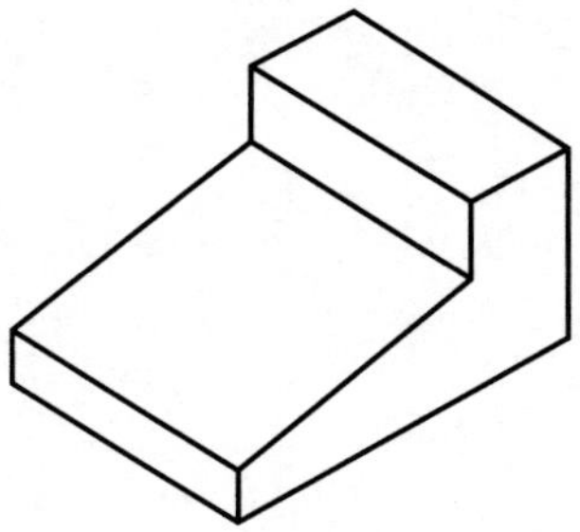

(2)

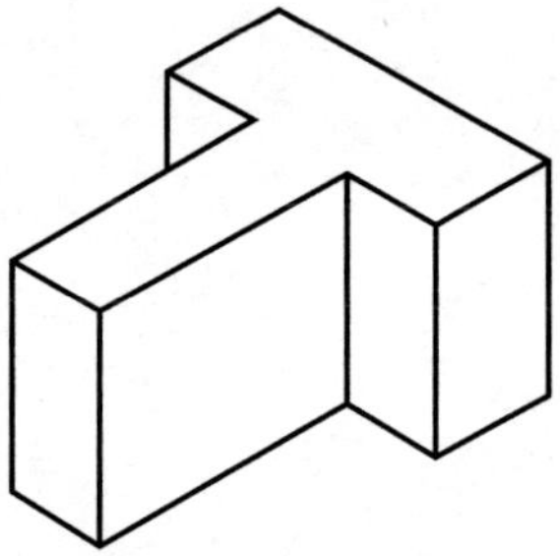

(3)

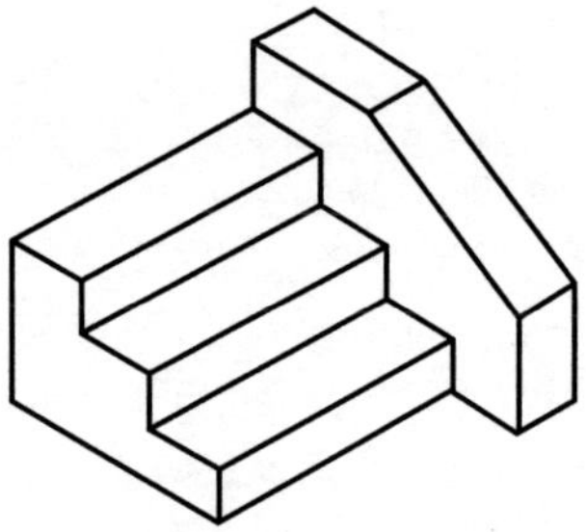

(4)

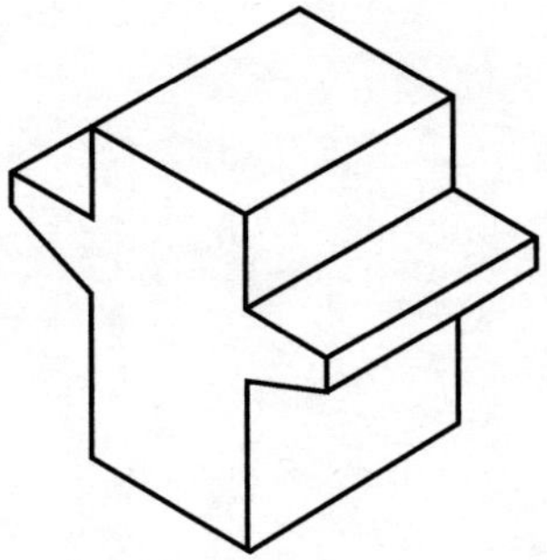

(5)

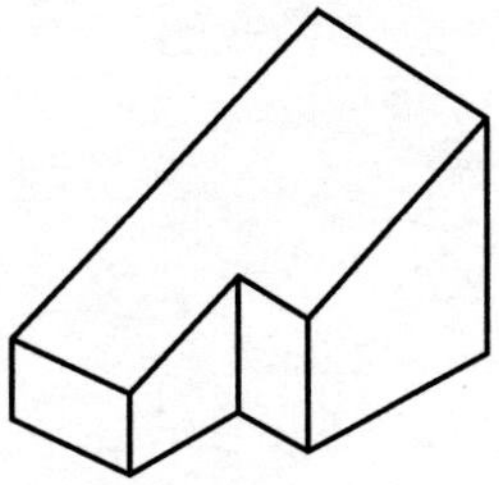

(6)

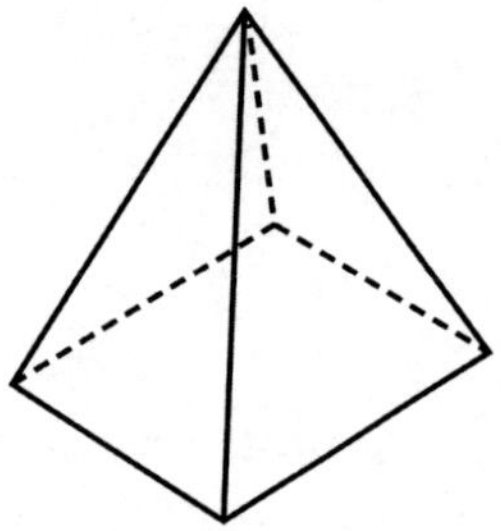

(7)

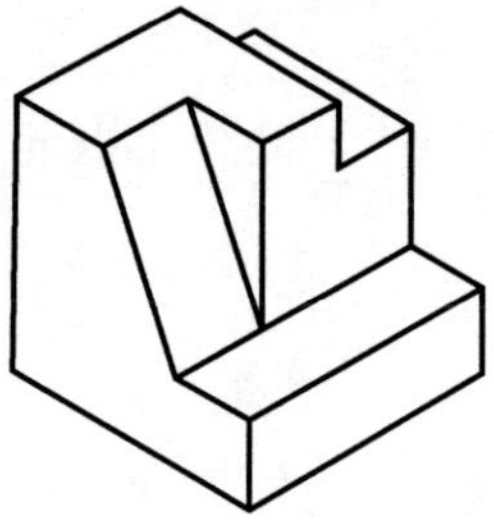

(8)

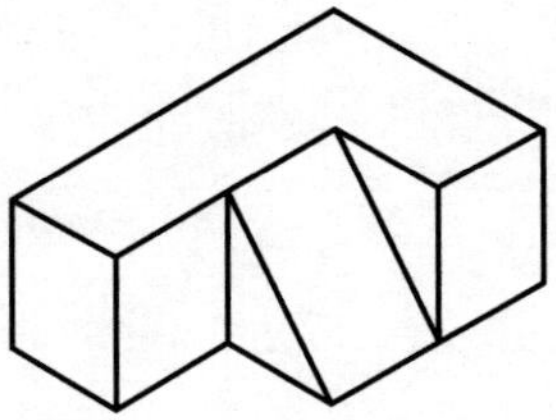

(9)

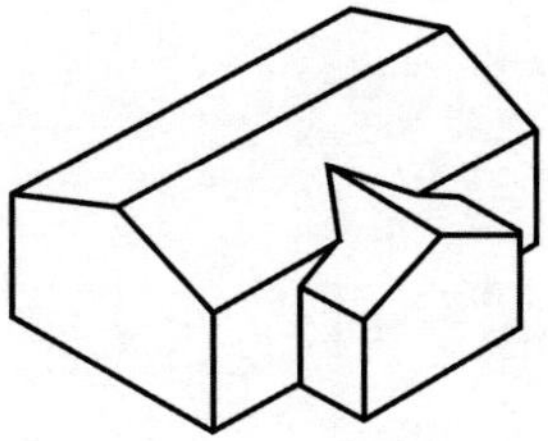

(10)

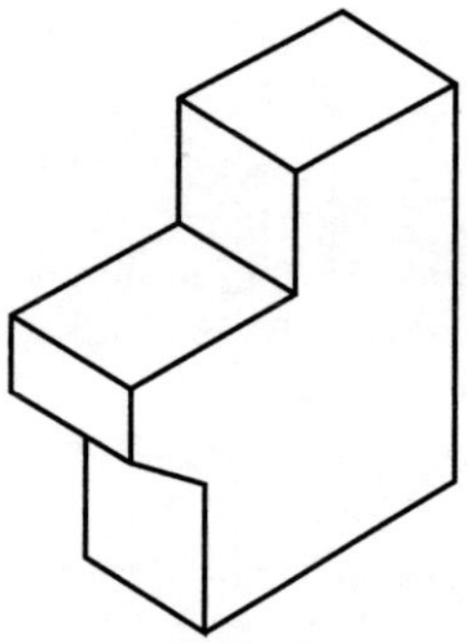

(11)

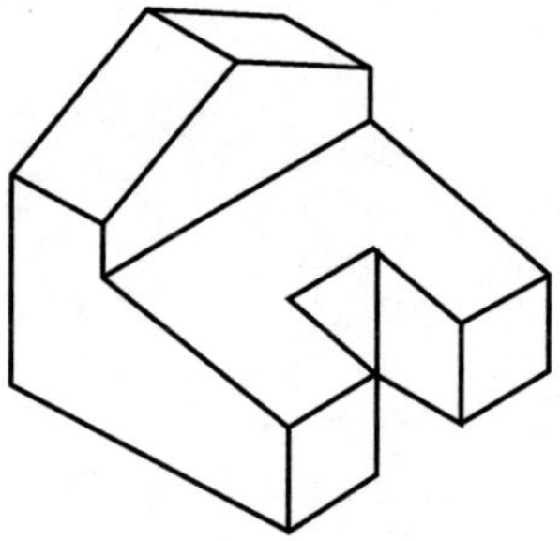

(12)

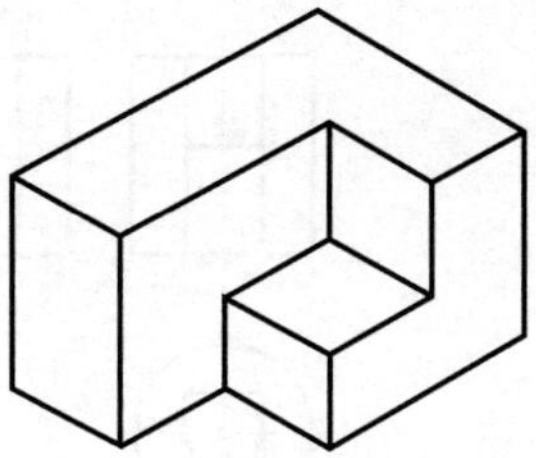

(13)

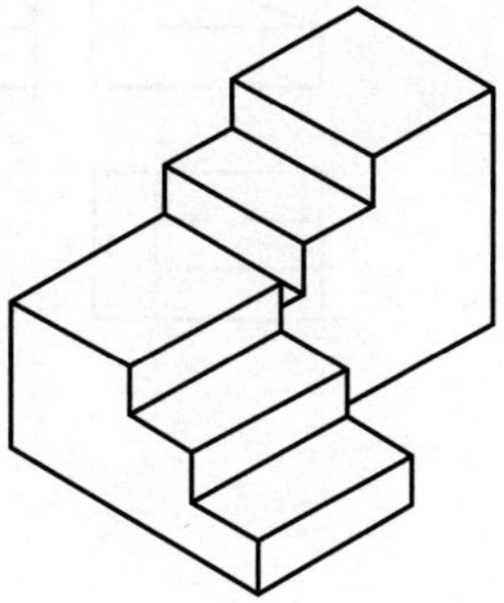

第四节　组合体投影图的阅读

一、填空题

1. 识读组合体投影图的基本方法有________和________。

2. 组合体投影图在阅读时一般以__________为主，__________为辅。

3. 组合体投影分析的阅读中，对于叠加式组合体较多采用__________，对截割式组合体较多采用___________。

二、选择题

1. 根据组合体的两面投影选择第三面投影。

(1)

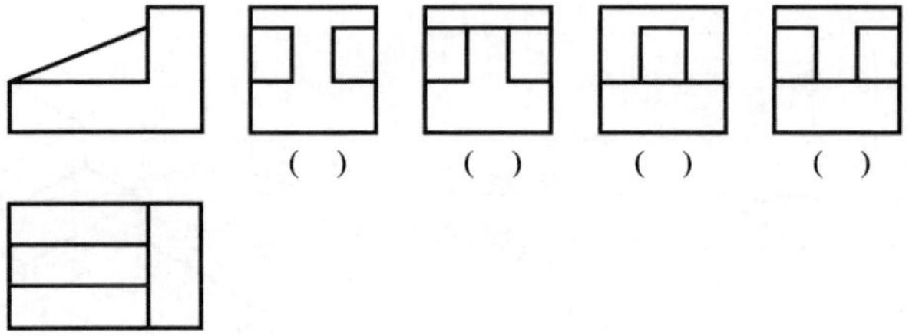

(2)

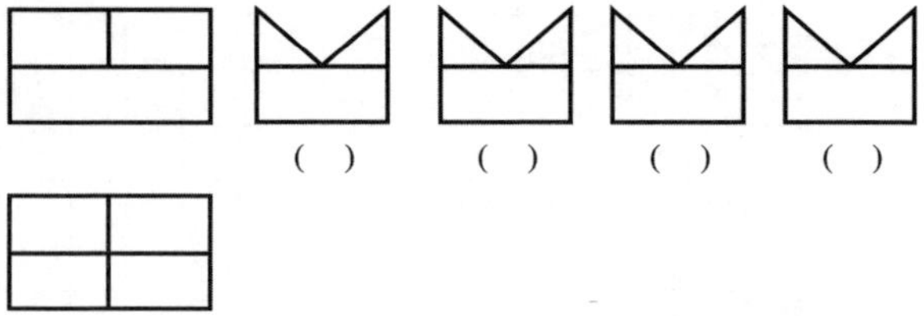

(3)

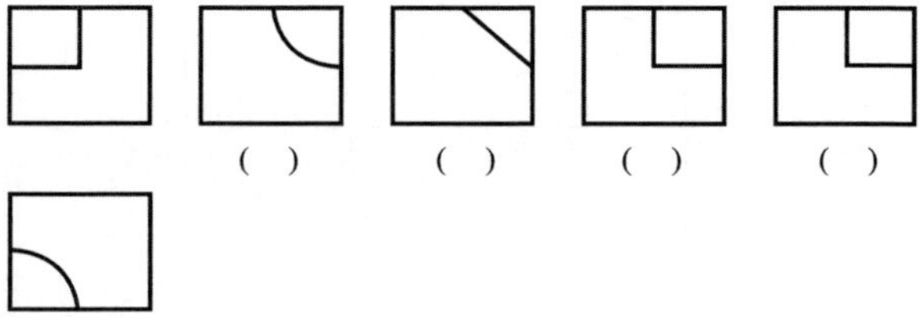

(4)

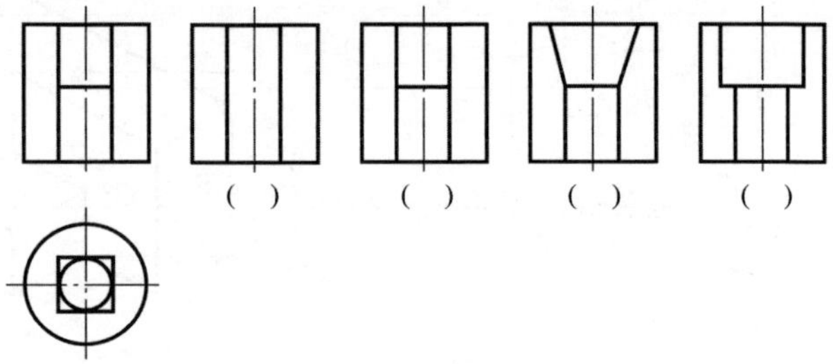

2. 根据组合体的三面投影图选择轴测投影图。

（1）

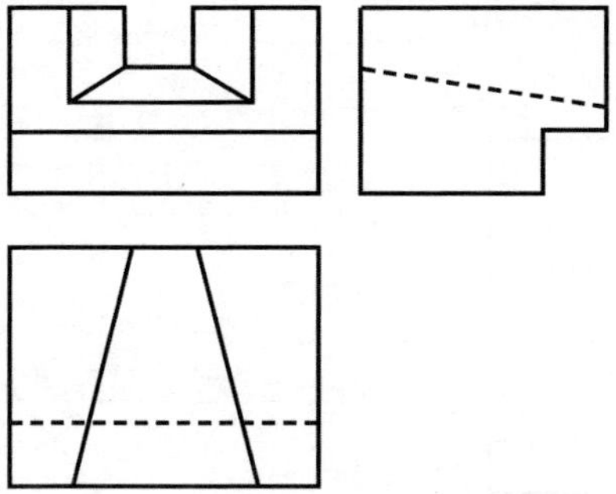

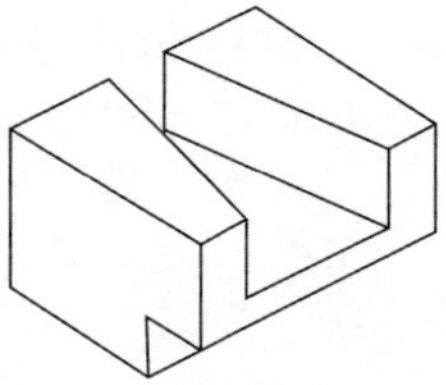

A

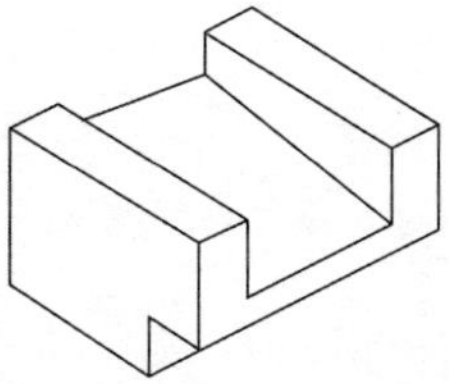

B

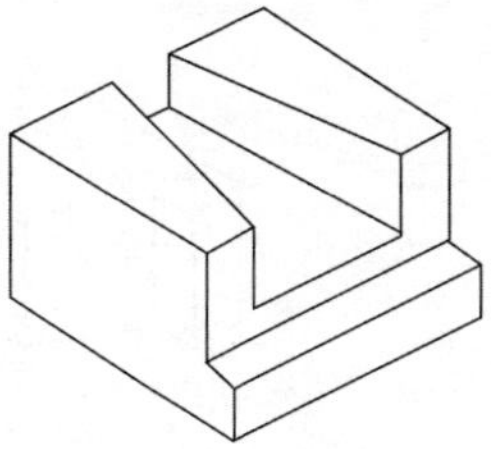

C

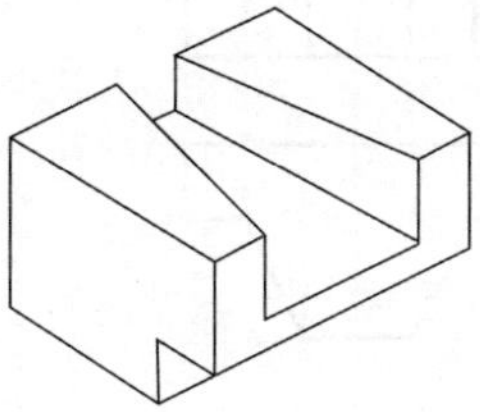

D

（2）

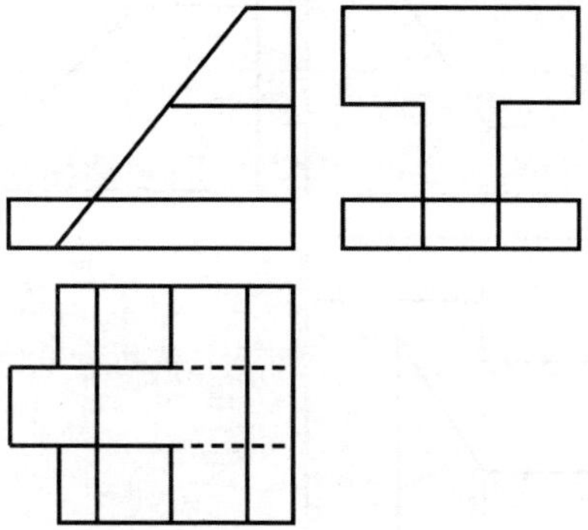

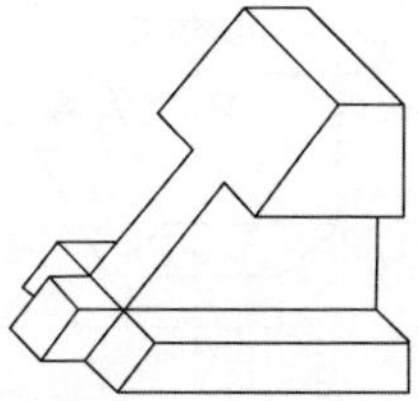

A

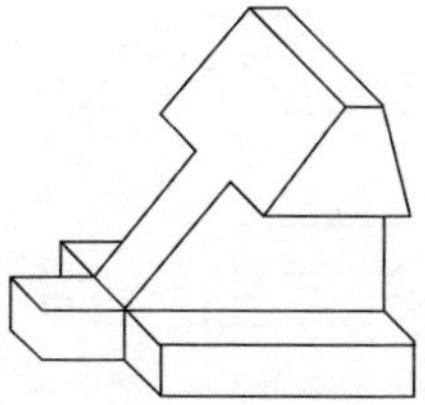

B

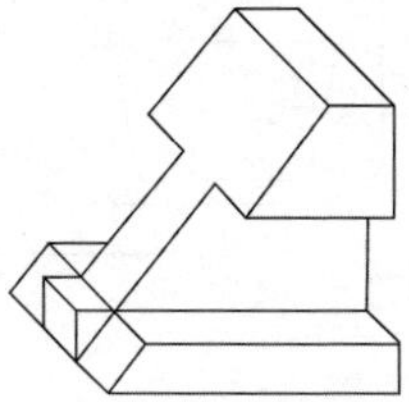

C

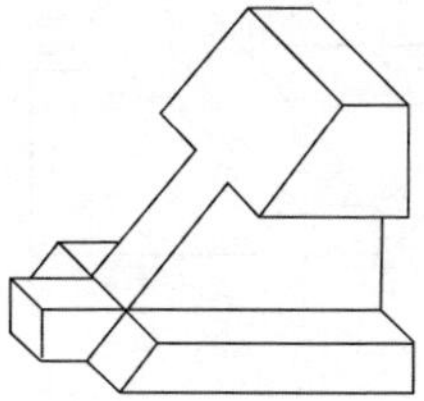

D

(3)

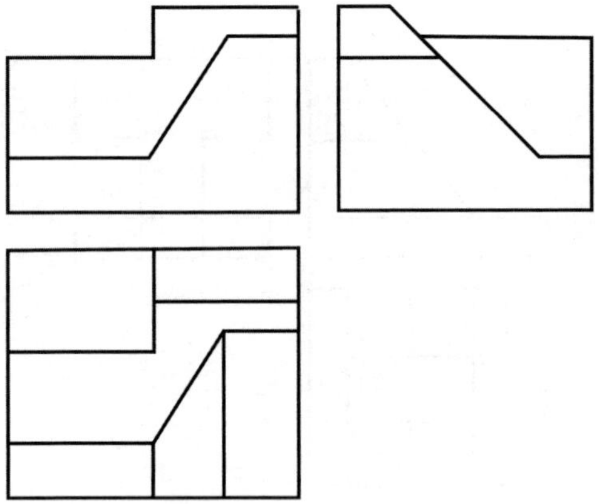

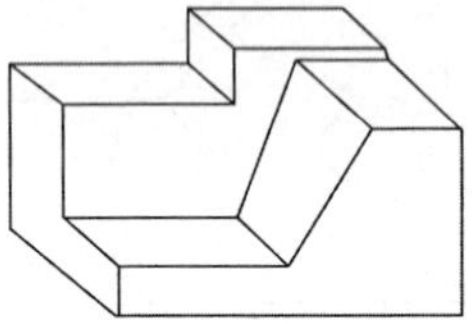

A

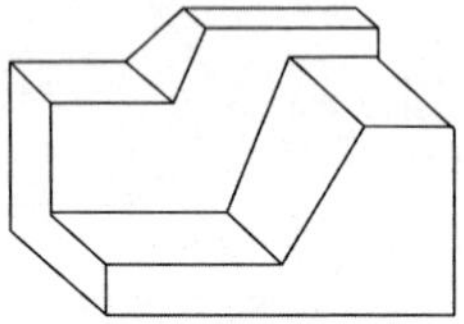

B

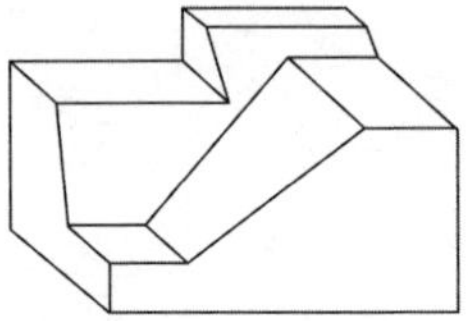

C

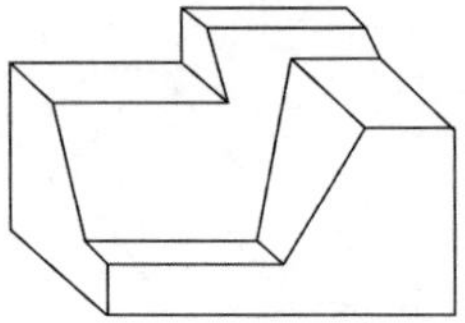

D

三、作图题

1. 根据形体两面投影，参照轴测图补全三面投影图 。

(1)

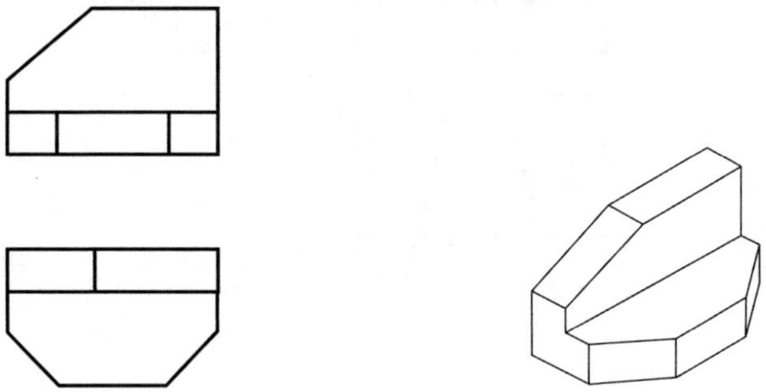

(2)

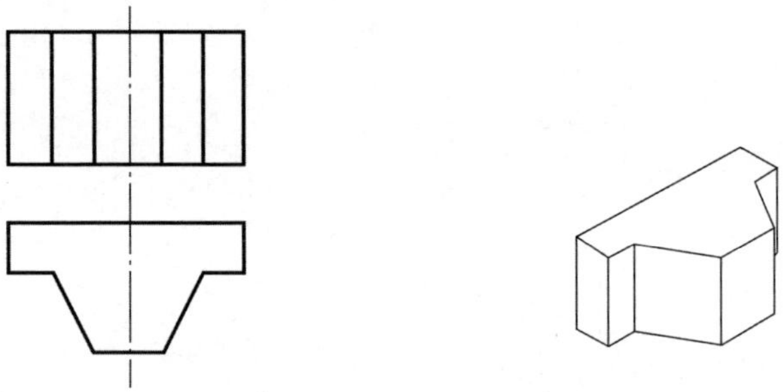

(3)

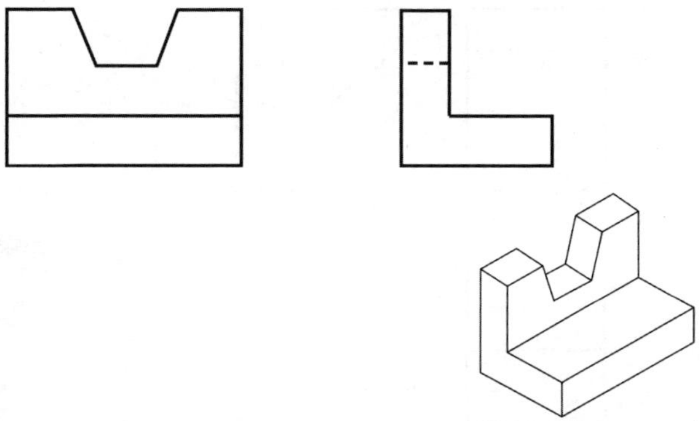

2. 根据道路工程中常见立体图，补充投影图中所缺的线。

(1)

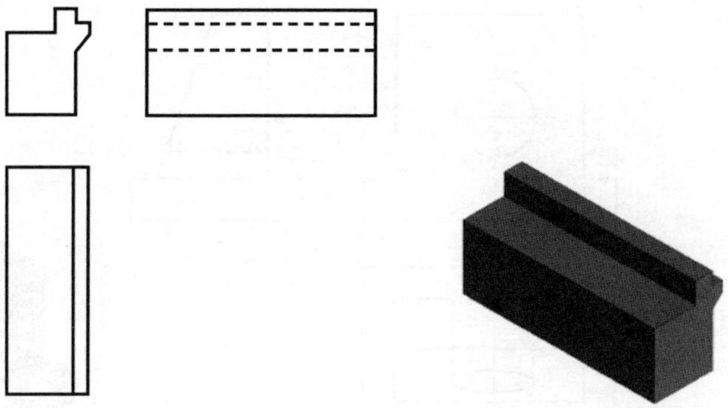

(2)

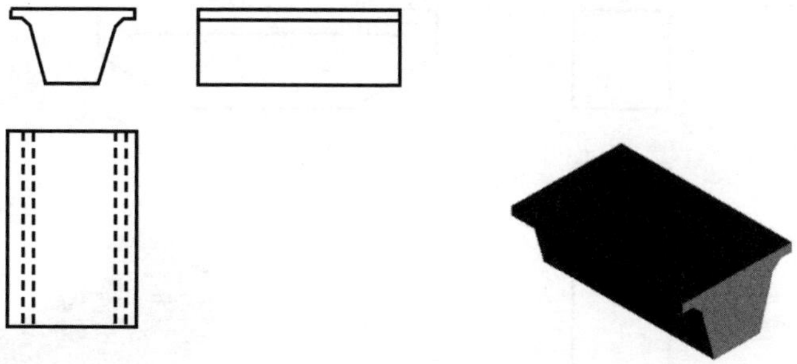

(3)

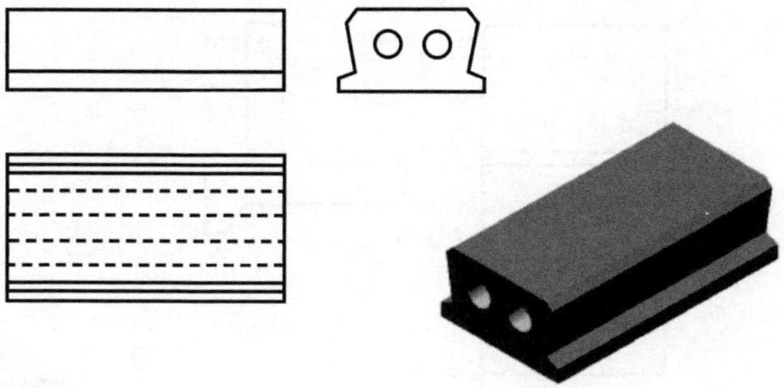

(4)

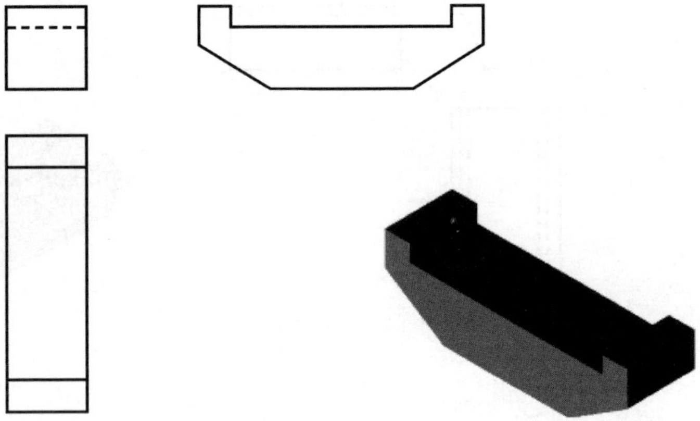

(6)

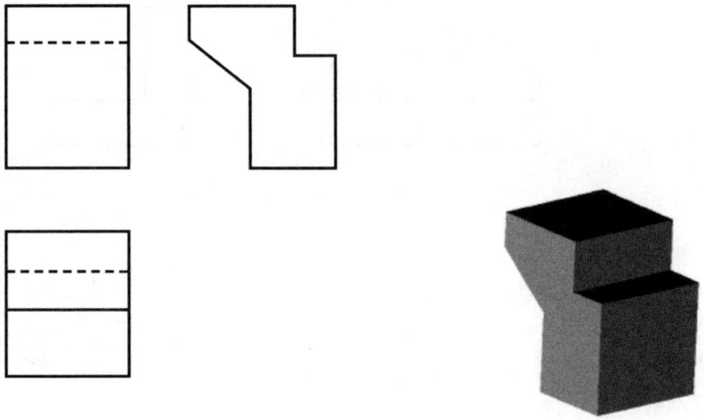

(5)

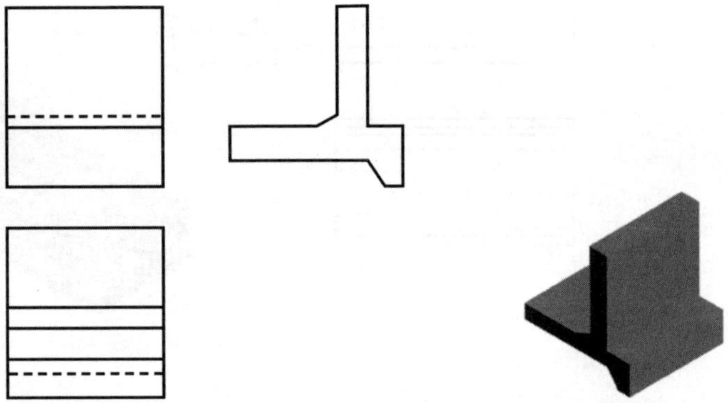

(7)

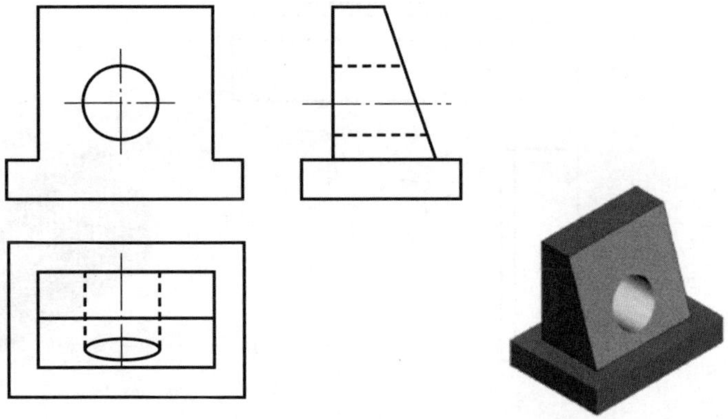

(8)

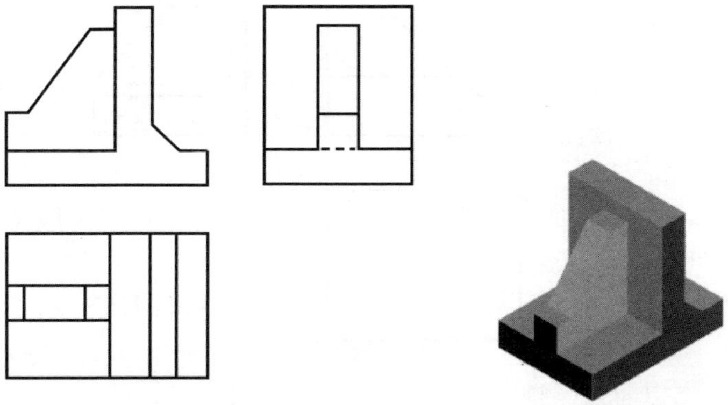

(9)

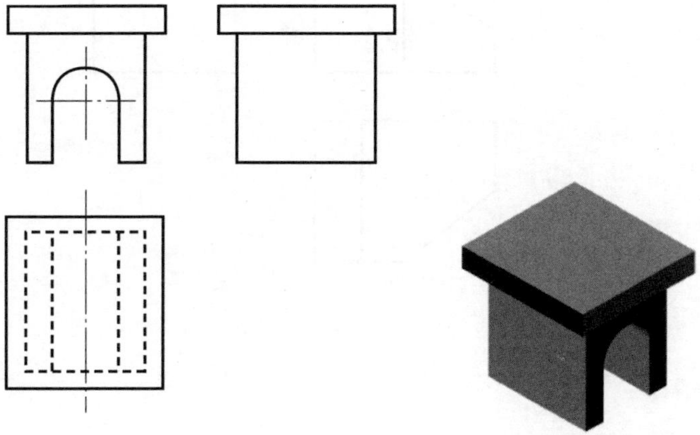

(10)

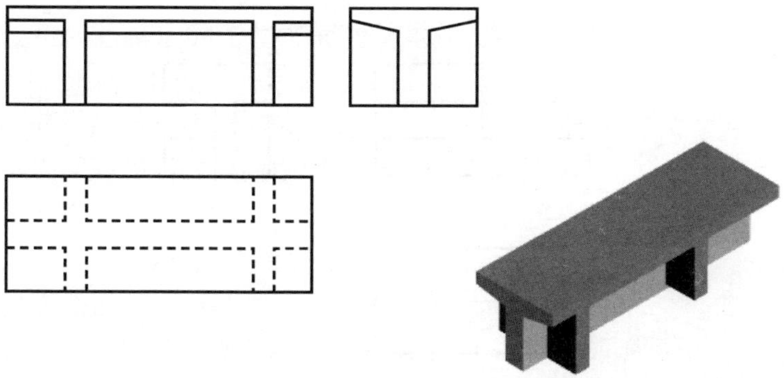

(11)

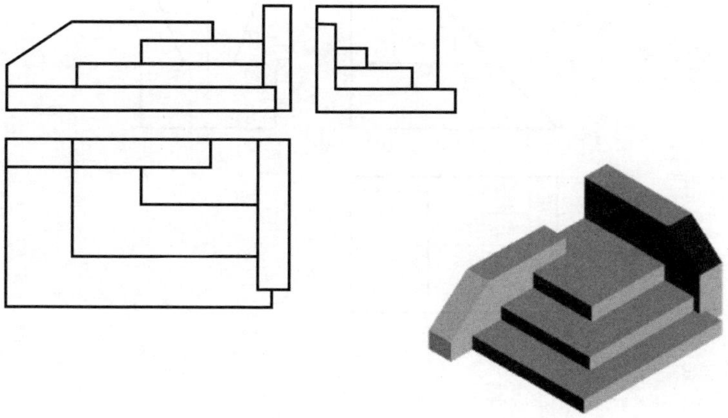

3. 补全组合体投影图中所缺的线。

（1）

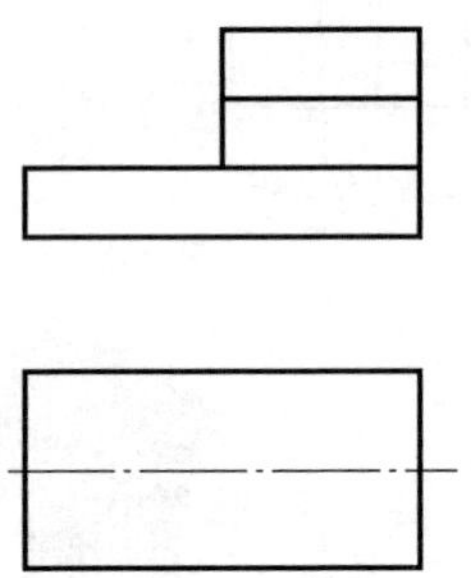

（2）

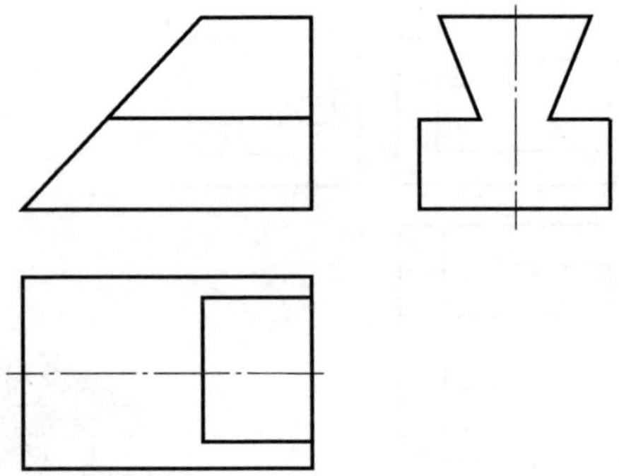

（3）

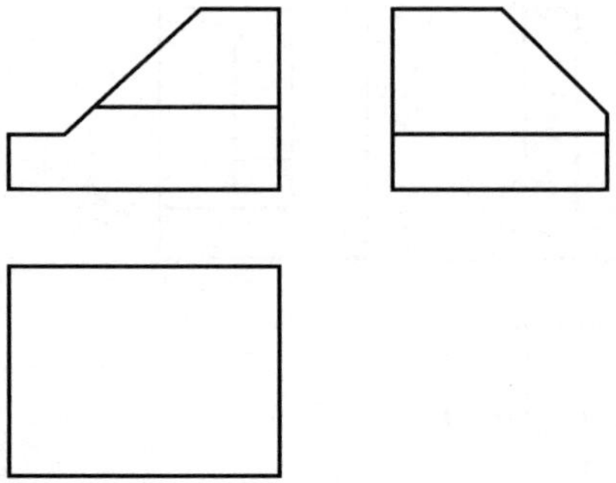

（4）

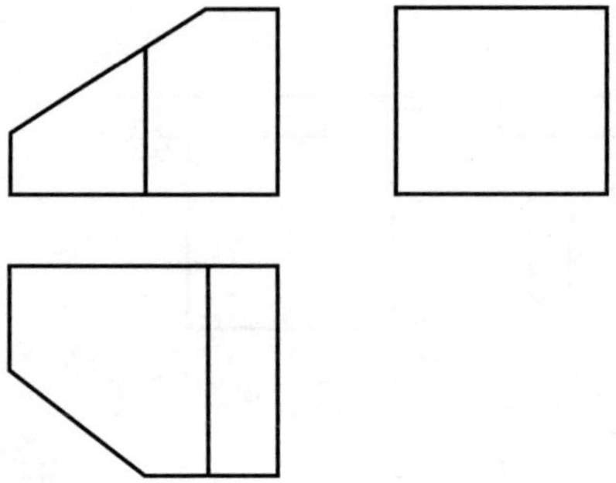

(5)

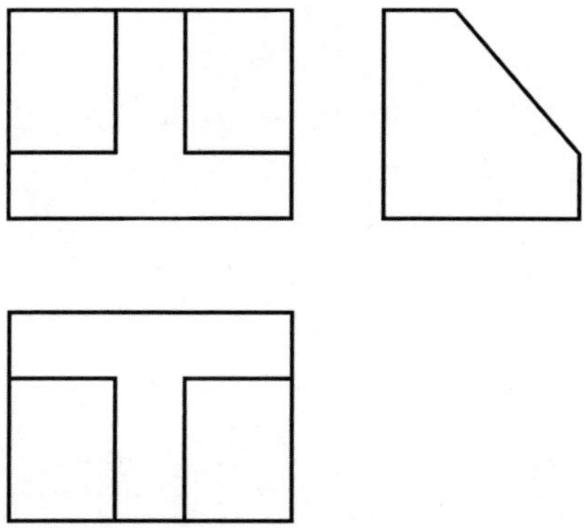

(6)

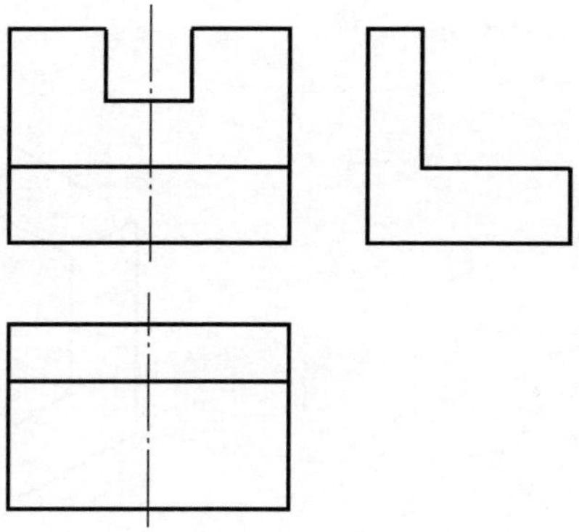

4. 完成下列形体的三面投影图，比例为 1∶1。

(1)

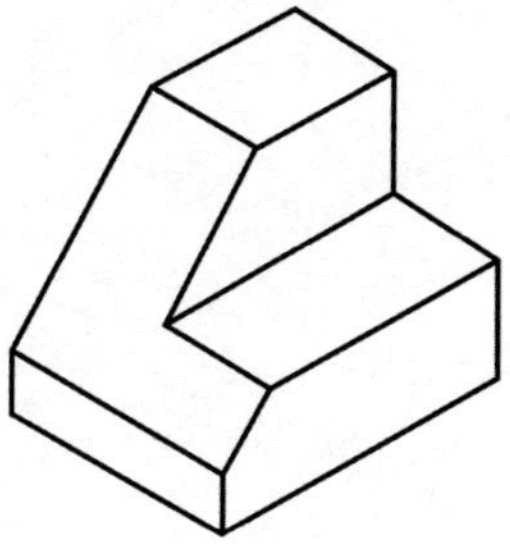

(2)

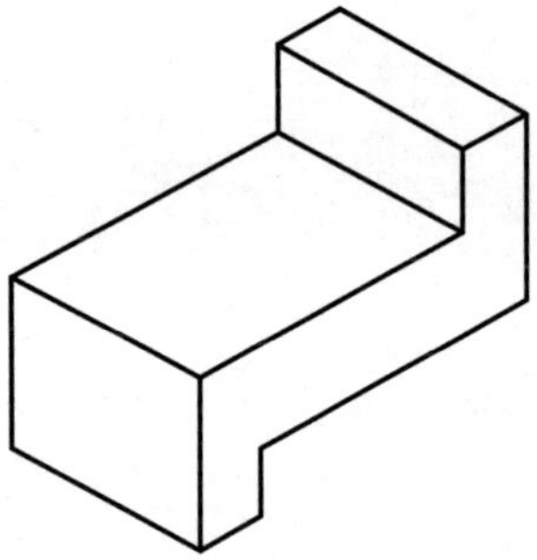

(3)

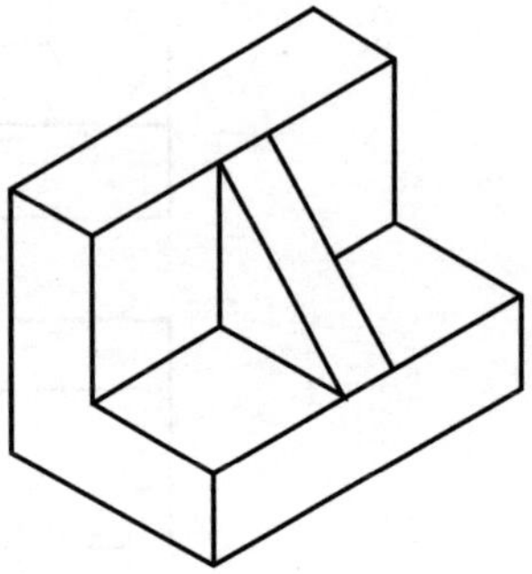

(4)

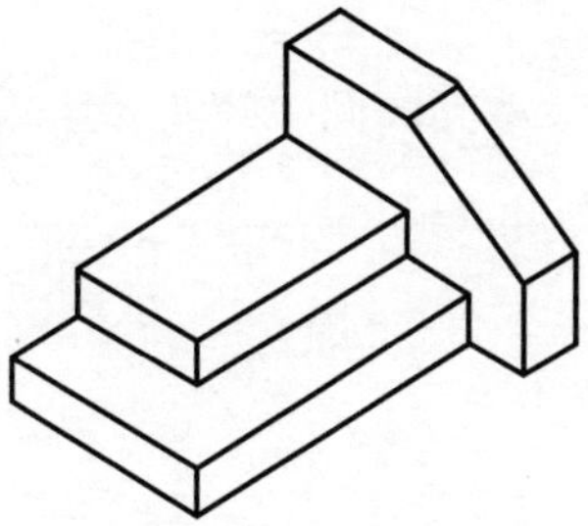

(5)

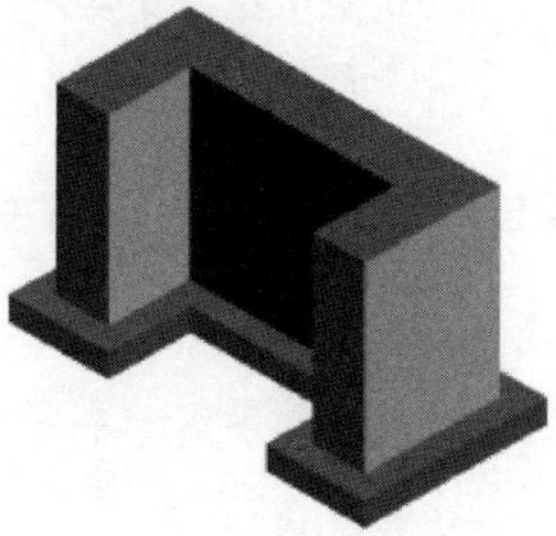

(6)

(7)

(8)

5. 实训题,根据三面投影图,试绘制组合体立体图。

(1)

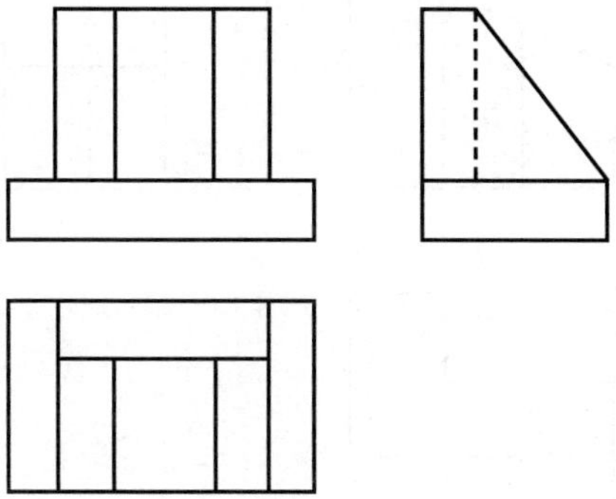

(2)

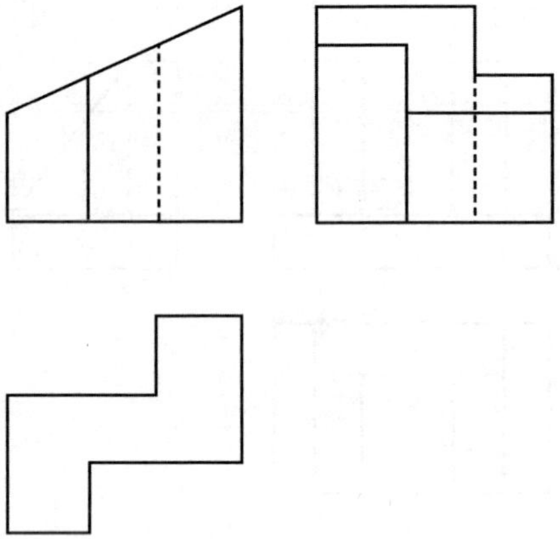

(3)

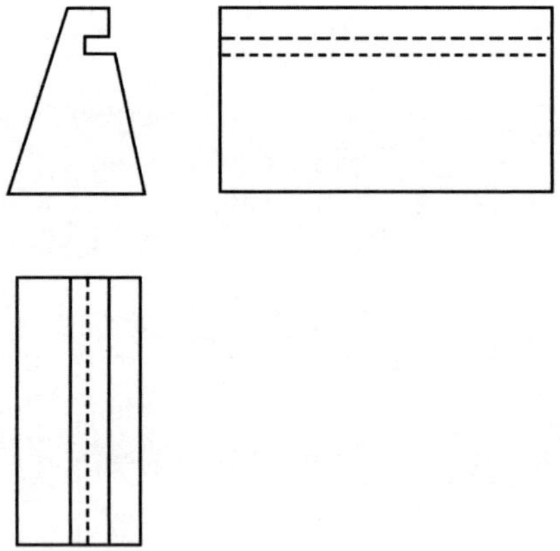

(4)

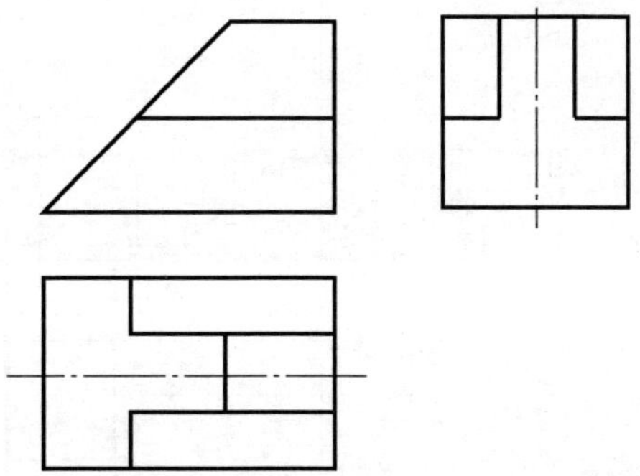

第五节　组合体的尺寸标注

一、填空题

1. 组合体尺寸标注的基本要求是_______、_______和_______。
2. 确定各基本体形状和大小的尺寸，称为__________。
3. 确定各基本体之间相对位置的尺寸，称为________。

二、判断题

1. 总体尺寸、定位尺寸和定形尺寸不可能重合。（　　）
2. 尺寸应尽量标注在视图外面，同方向的连续尺寸应尽量放置在一条线上。（　　）
3. 相互平行的尺寸应“大尺寸在内，小尺寸在外”排列。（　　）
4. 应避免尺寸线与尺寸界线，尺寸线、尺寸界线与轮廓线相交。（　　）

三、选择题

1. 选择下列尺寸标注类型，填入相应符号。

定形尺寸：

定位尺寸：

总体尺寸：

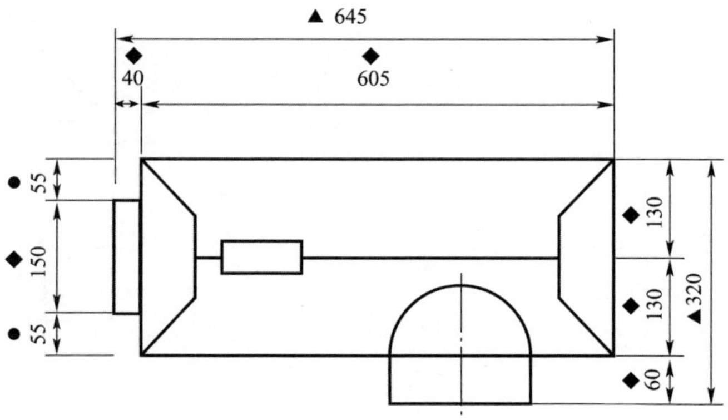

2. 选择正确的尺寸标注。

（1）

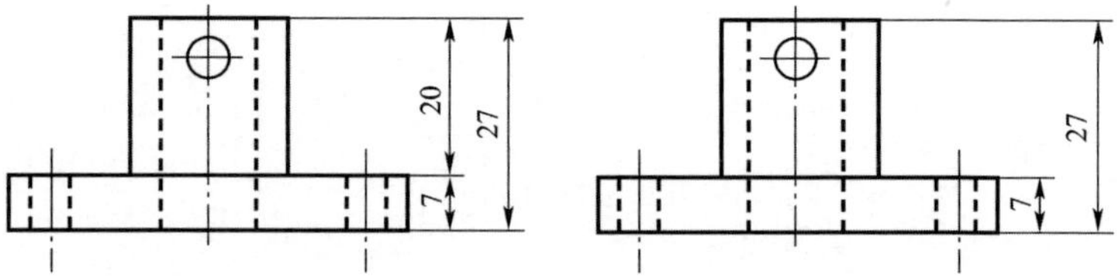

(2)

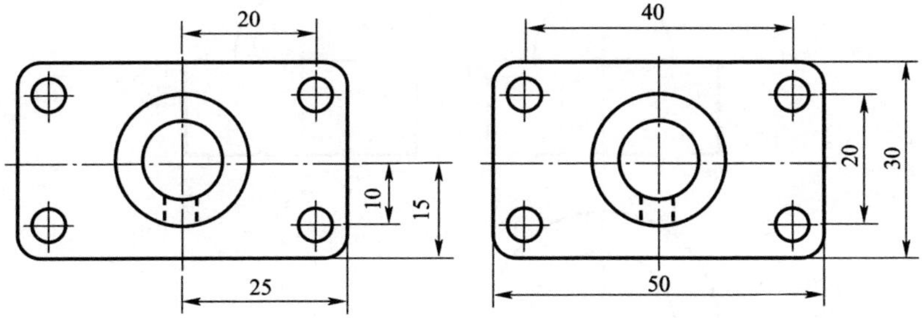

(3)

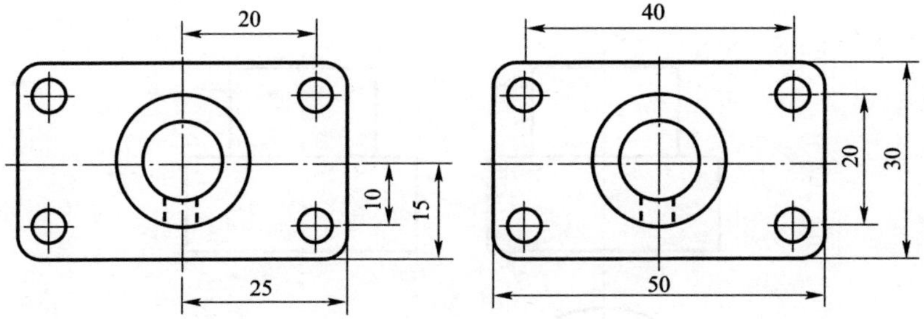

四、作图题

1. 作底面半径为 1cm、高度为 1.5cm 的圆柱的三面投影图，并进行尺寸标注。

2. 作底面半径为 1cm、高度为 1.5cm 的圆锥的三面投影图，并进行尺寸标注。

3. 作棱长为1.5cm的正三棱锥的三面投影图,并进行尺寸标注。

4. 根据实际尺寸进行下列组合体尺寸标注。

(1)

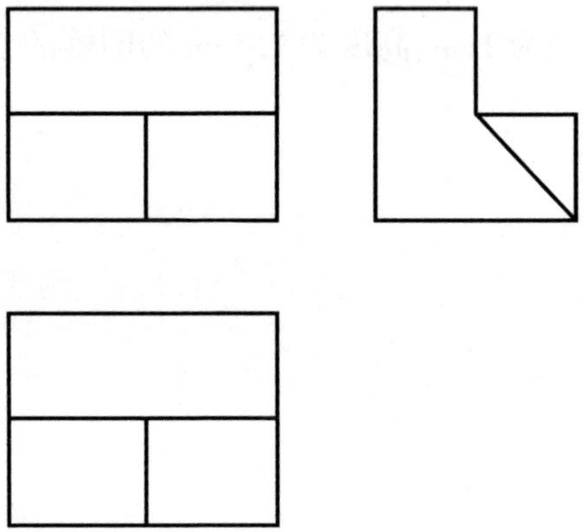

(2)

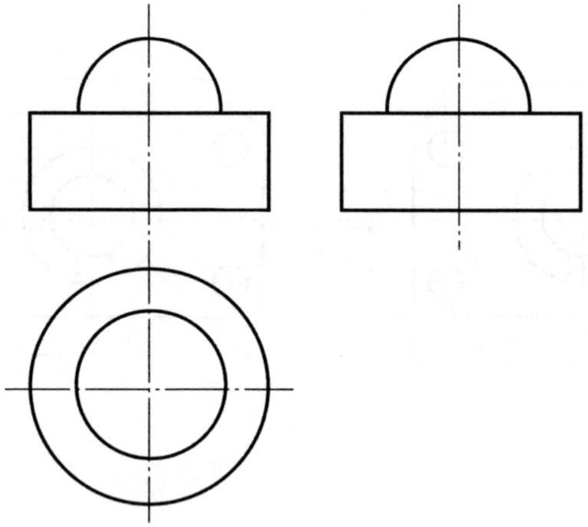

(3)

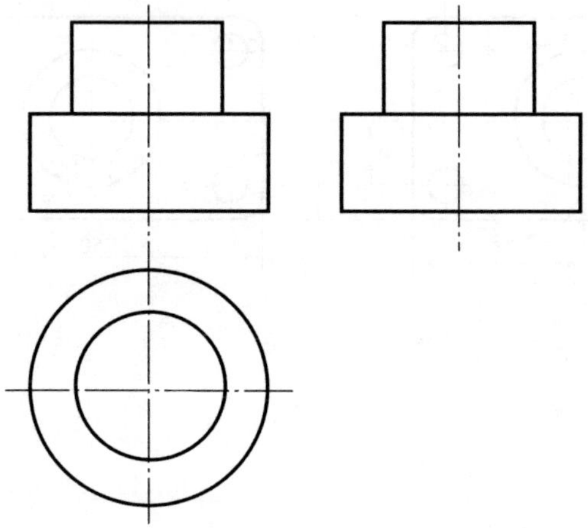

(4)

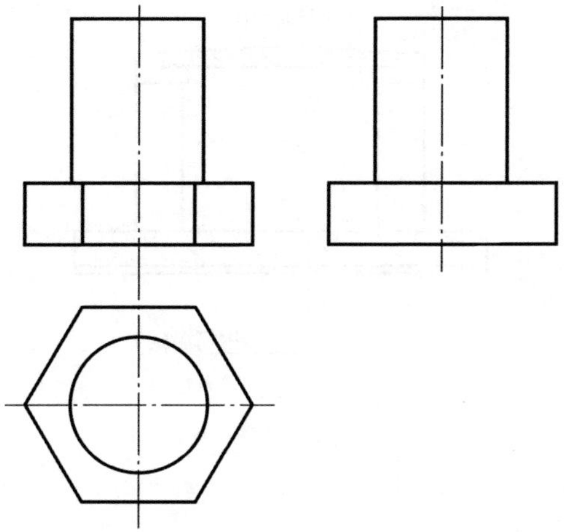

(5)

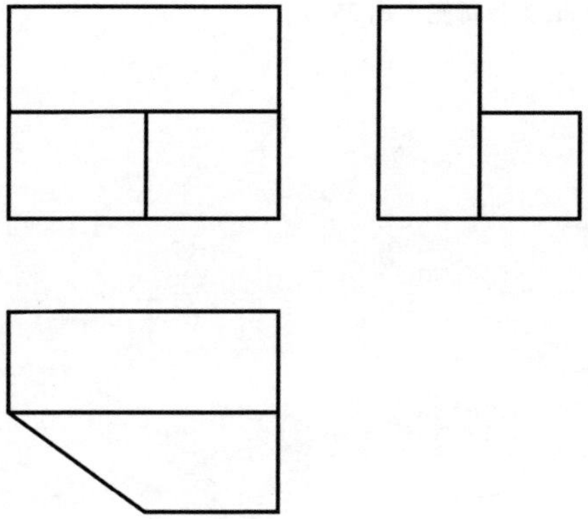

(6)

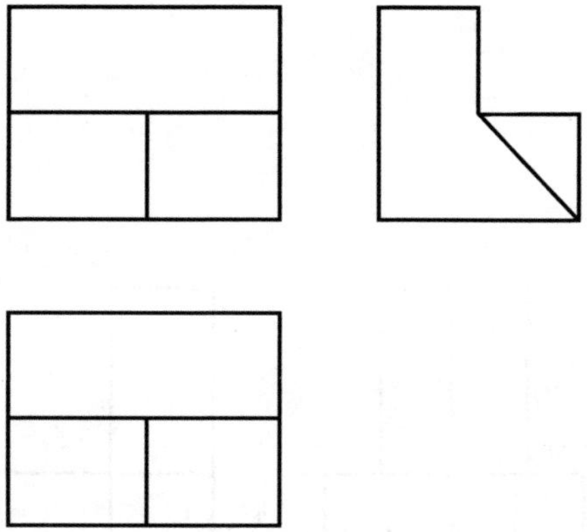

(7)

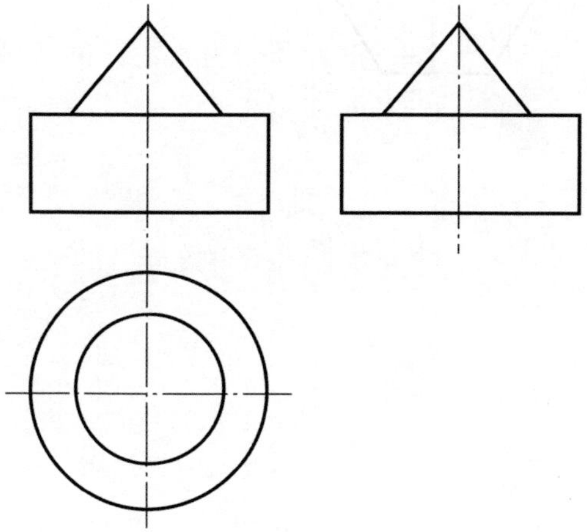

(8)

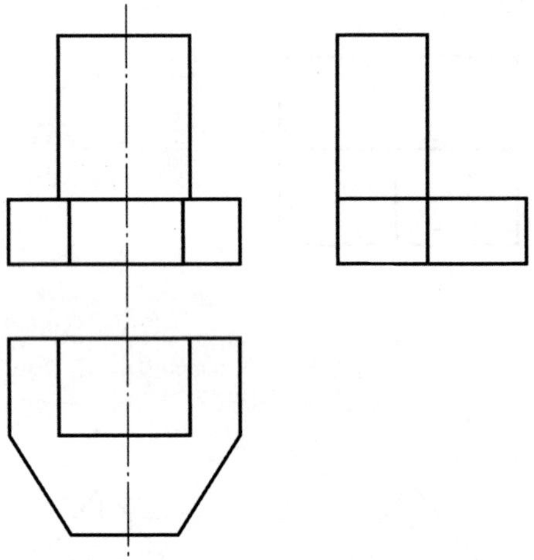

5. 对下列工程结构物进行尺寸标注。

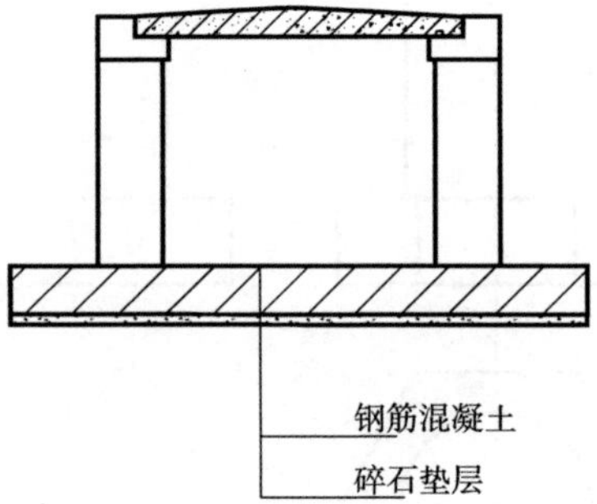

备注:

1. 涵洞墙身宽度为60cm。
2. 涵洞净宽为2m,净高为1.5m。
3. 涵洞基础宽度为5.2m,高度为0.6m,其中钢筋混凝土厚度为0.5m,碎石垫层厚度为0.1m。
4. 台帽宽度为65m,盖板每侧占据25cm。

第四章　轴测投影图

第一节　轴测投影的基本知识

一、填空题

1. 轴测投影图是采用平行投影的方法绘制而成，它有________个投影面。

2. 按投射线和投影面的相对位置不同，可以将轴测投影分为____________和____________两类。

3. 轴测投影的基本特性包括：____________、____________和____________。

4. 根据形体分析的方法，将组合体分解成几个基本形体，再依次根据各基本形体之间的相对位置逐个作出轴测图，最后组合在一起即可得到该组合形体的轴测图。这种绘制轴测投影图的方法称为____________。

二、判断题

1. 轴测投影图中，投射线与投影面可以是垂直的，也可以是倾斜的。（　　）

2. 轴测投影图能够把形体的长、宽、高三个向度反映在一个图上，比较直观，让人容易看懂，所以轴测投影图没有什么缺点，被广泛应用于实践中。（　　）

3. 斜轴测投影中，投射方向垂直于投影面。（　　）

4. 物体上两平行线段的长度之比，在轴测投影图上比例保持不变。（　　）

5. 坐标法是绘制轴测投影图最基本的方法，其他方法都是在坐标法的基础上进行的。（　　）

6. 画轴测投影图时，应先确定轴向变化率和轴间角，然后根据投影特性画出轴测投影图。（　　）

7. 轴测图最重要的特性就是立体感强，直观性好。（　　）

8. 投影方向的选择，也就是观察者从哪个方向去观察形体。（　　）

第二节　正等测投影

一、填空题

1. 正等测投影图中，三个轴间角均为________，三个轴向变化率近似取为________。

2. 处于水平位置的圆，其正等测投影图是________。

二、判断题

1. 在正等测投影中，三个轴测轴的轴向变化率相等，都约为0.82，所以画图时轴向变化率按0.82。（　　）

2. 正投影和轴测投影都有三个投影面。（　　）

3. 原物体上相互平行的线条，在正等测投影图中仍然保持平行。（　　）

4. 绘制正等测图时，长宽高均按照1:1的比例截取尺寸作图。（　　）

5. 平行于坐标面的圆，其轴测投影都是椭圆。（　　）

三、作图题

1. 根据已知的视图，画出正等测投影图。

(1)

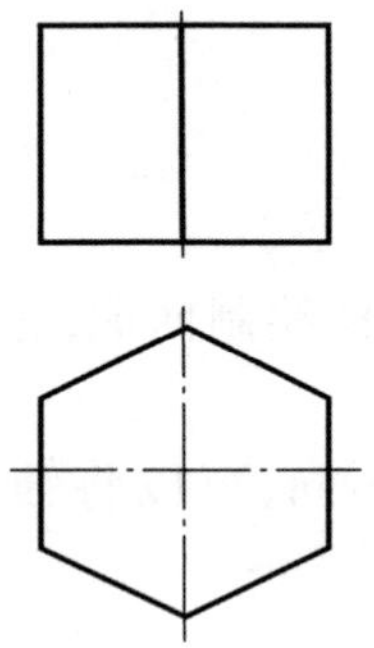

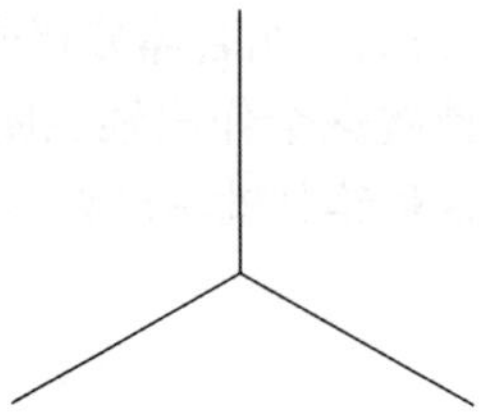

(2)

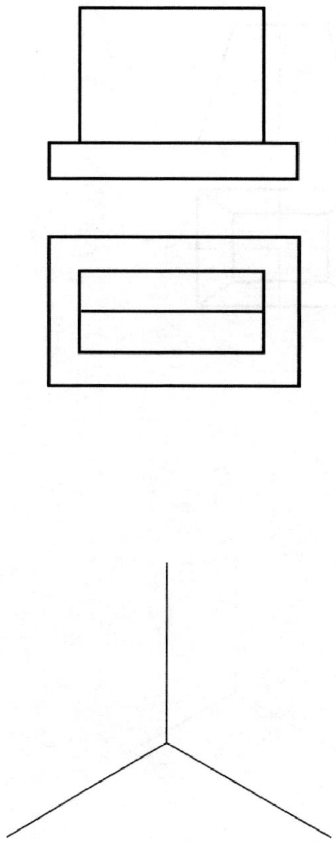

(3)

(4)

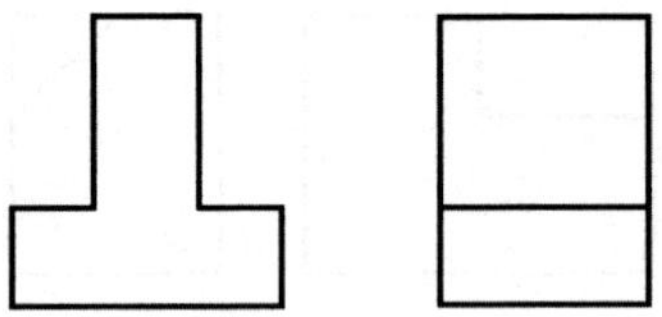

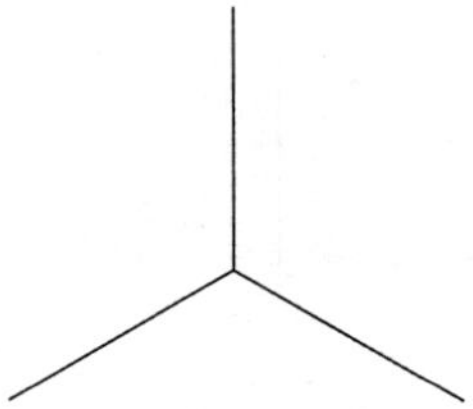

(5)

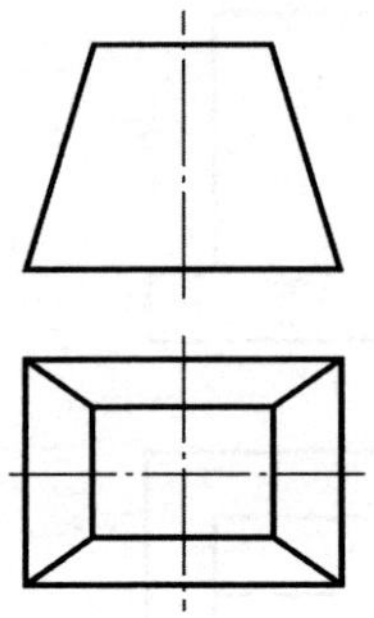

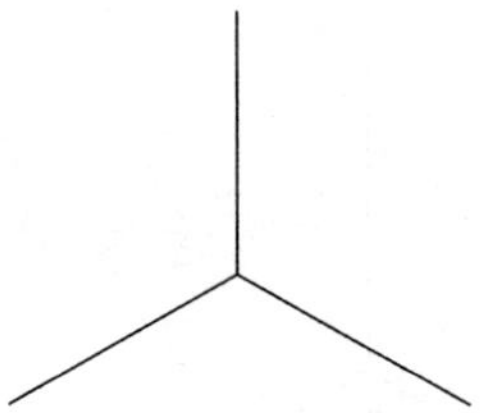

(6)

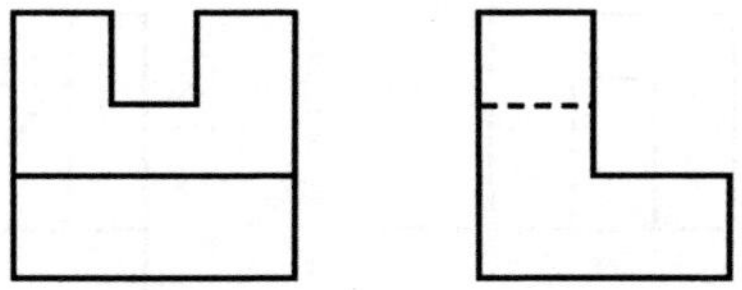

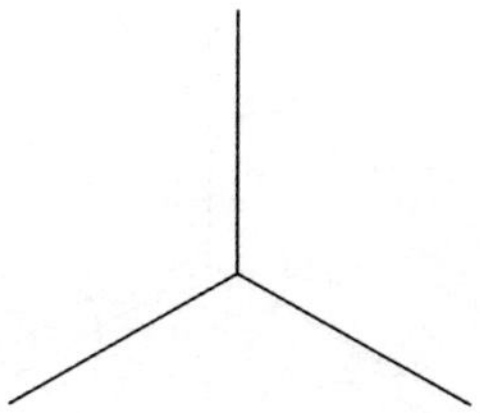

2. 根据已知的视图,画出正等测投影图。

(1)

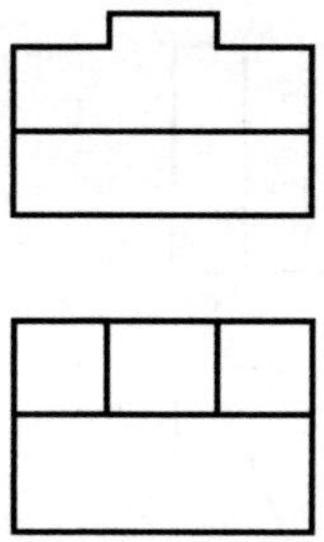

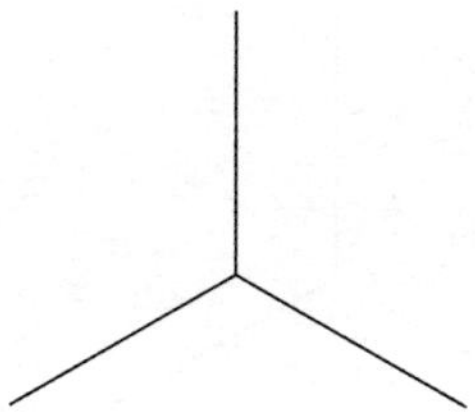

(2)

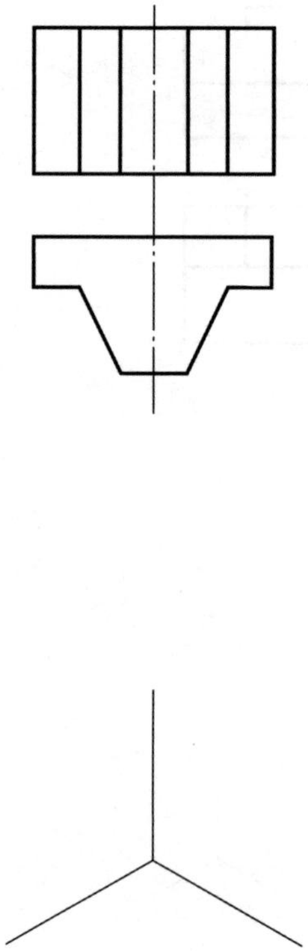

(3)

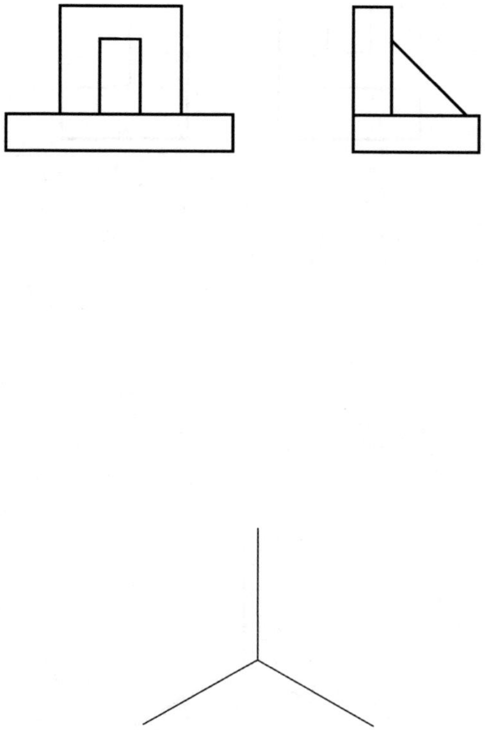

(4)

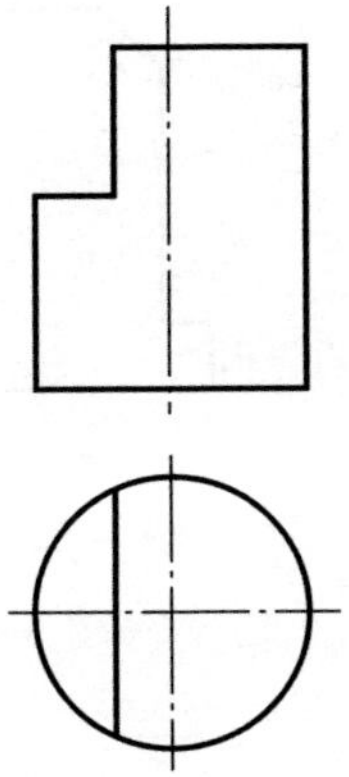

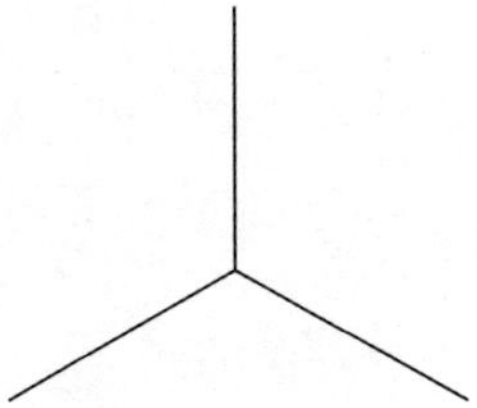

(5)

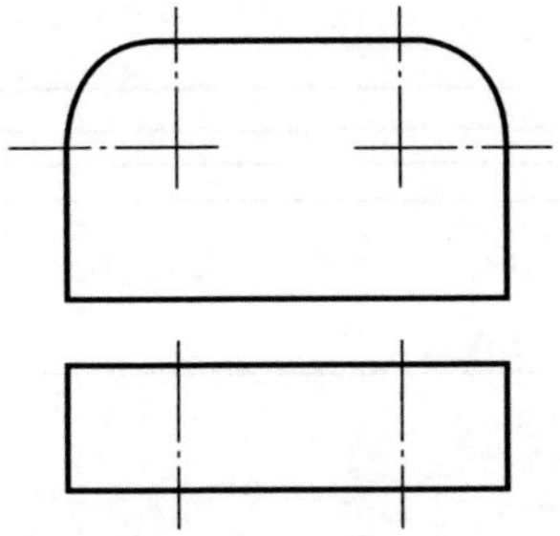

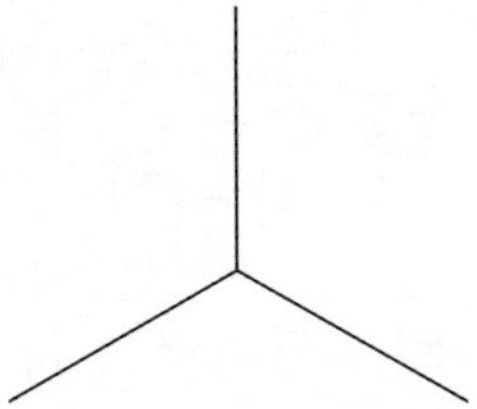

3. 根据道路工程中常见棱柱图,绘制轴测图。

(1)

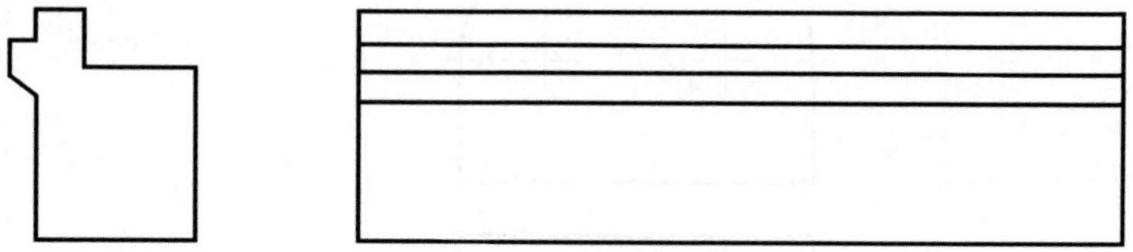

(2)

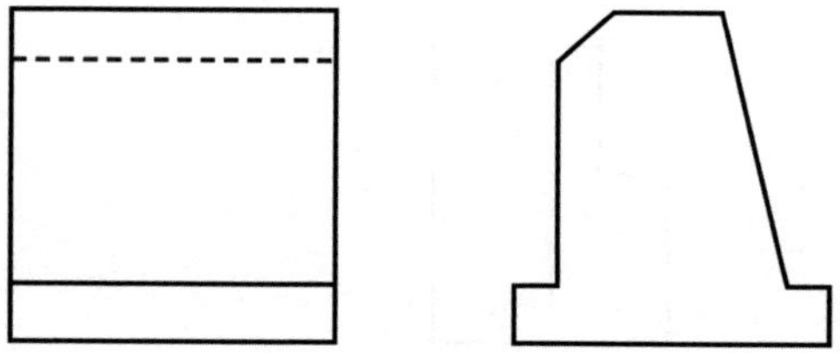

(3)

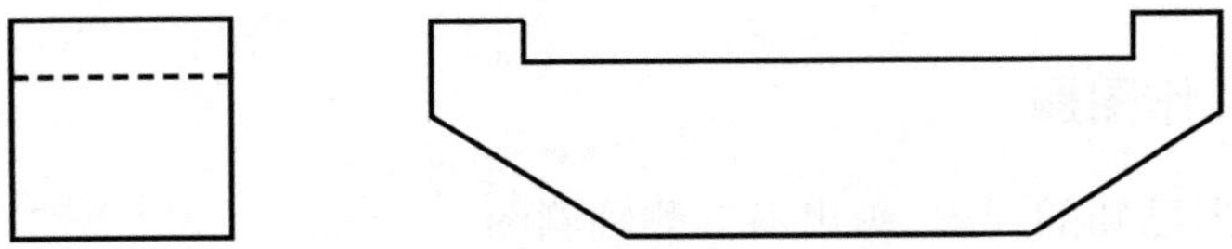

(4)

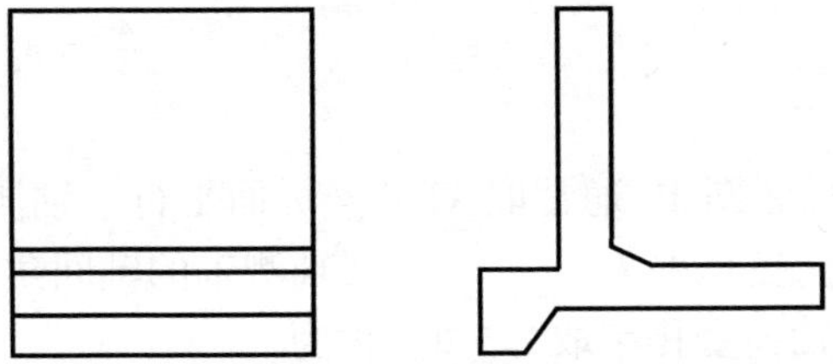

第三节　斜轴测投影

一、填空题

1. 斜轴测投影图中，通常取 XOZ 坐标面平行于轴测投影面，则 X 轴和 Z 轴的轴向变化率为________，两轴测轴的轴间角为________。

2. 当 Y_1 的轴向变化率取为 1 时，称为________。

3. 斜二测图的轴间角分别取为________、________、________。

4. 斜二测图的轴向变化率分别为 $p=$ _____，$q=$ _____，$r=$ _____。

5. 正平圆的斜等测、斜二测轴测投影都是________。

二、判断题

1. 斜轴测投影图中，轴间角和轴向变化率可自行随意变换。（　）

2. 斜轴测投影图的投影线和投影面是垂直的。（　）

3. 在正面斜轴测投影中，投射方向有无穷多个。（　）

4. 斜二测图中，Y_1 的轴向变化率取为 1/2。（　）

5. 斜二测投影图的投影面有 2 个。（　）

6. 同一个物体，可能做出多个不同的斜轴测投影图。（　）

7. 斜二测图作图简便，特别适用于正面形状复杂且前后断面全等、曲线较多的形体。（　）

三、作图题

根据已知的视图，画出斜二测轴测图。

(1)

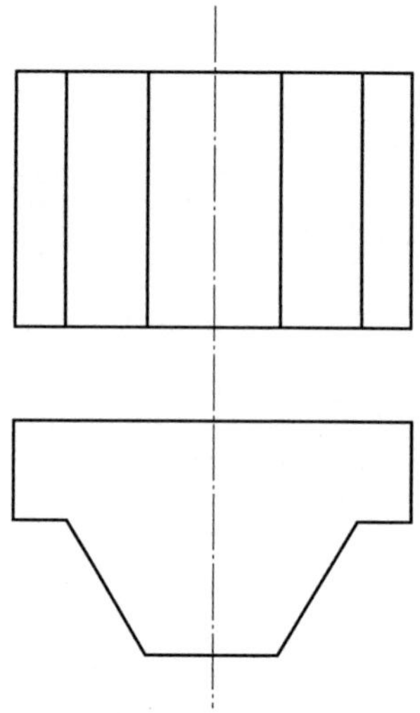

(2)

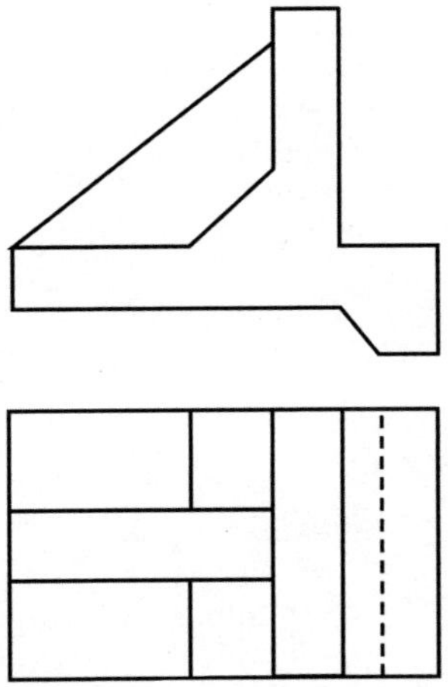

(3)

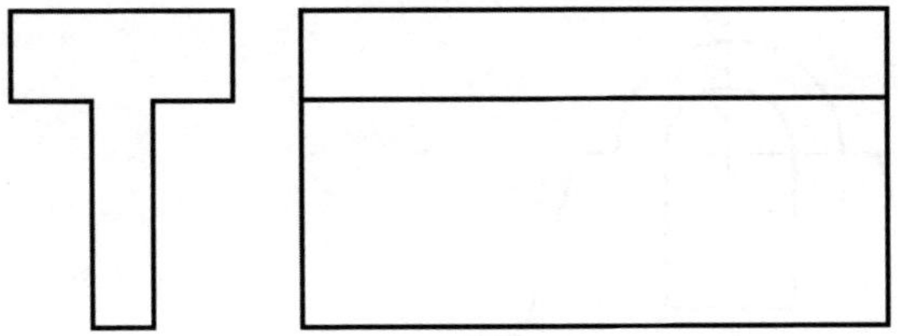

(4)

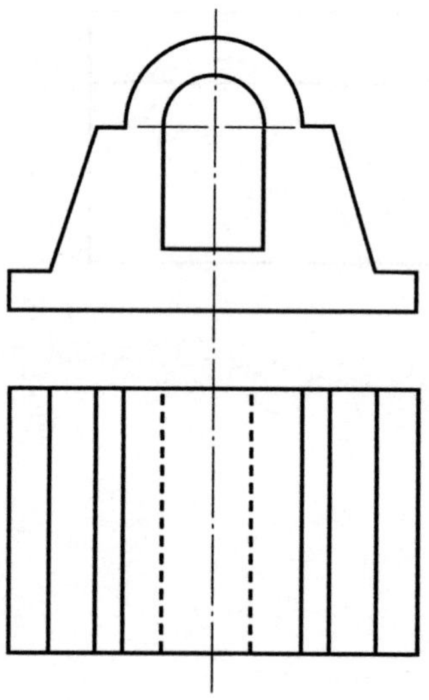

(5)

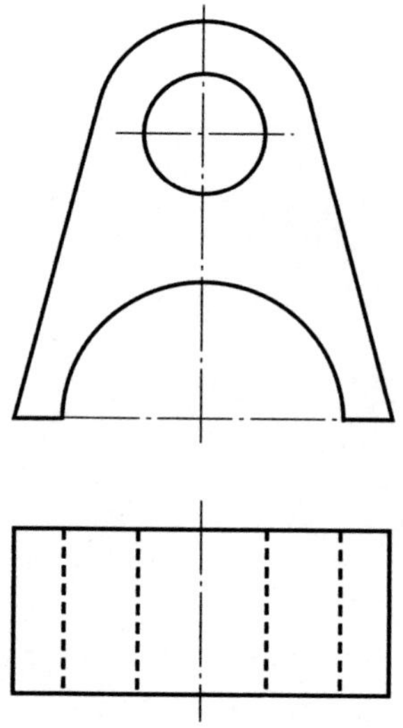

第五章　剖面图和断面图

第一节　剖　面　图

一、填空题

1. 剖面图是指假想用一个________将物体剖切开，将观察者与剖切面之间的部分移去，剖切后留下来的部分物体按垂直于剖切平面方向进行________，并将剖切面与物体接触的部分画上________或________，所得到的图形。

2. 剖面图的剖切符号由____________和____________组成。

3. 剖面图编号应采用英文字母或阿拉伯数字来表示，并按________、________的顺序连续编排，标注在________的一侧且水平书写。

4. 剖面图中，未指明材料时，可用互相平行且等距的__________来替代材料图例，称为剖面线。

5. 剖面图中，物体剖切后，不可见部分变为__________，原有的虚线改画成__________。

6. 半剖面图中，半外形图和半剖面图的分界线按规定画______（对称线），而不画成实线。

二、判断题

1. 在剖面图中，剖切平面是真实的，所以画剖面图后，其他视图不按完整的形体考虑。（　　）

2. 剖面图常用的类型有全剖面图、半剖面图、局部剖面图、阶梯剖面图、旋转剖面图和展开剖面图等。（　　）

3. 全剖面图适用于形体不对称或外形比较简单、内部结构比较复杂的形体。（　　）

4. 半剖面图适用于形体左右对称或前后对称，而外形又比较复杂的形体。（　　）

5. 在局部剖面图中，局部剖切的位置与范围用折断线来表示。（　　）

6. 展开剖面图是先剖切形体，再将形体展开。（　　）

三、作图题

1. 根据已知立体图和水平面投影图，补画剖面图中所缺图线。

（1）

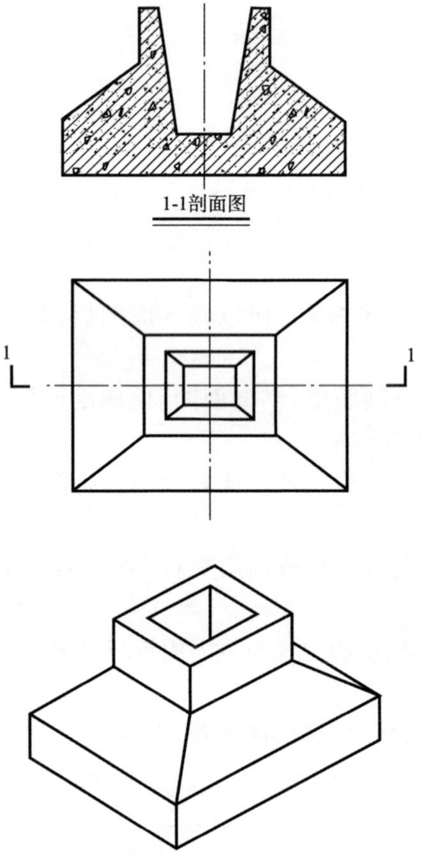

（2）

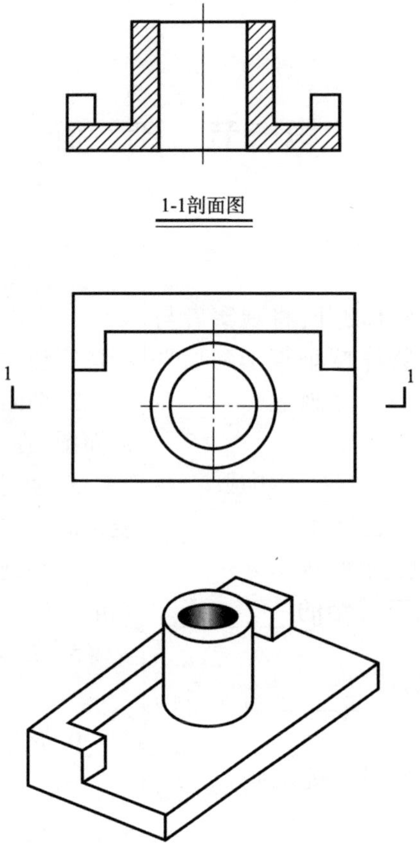

（3）

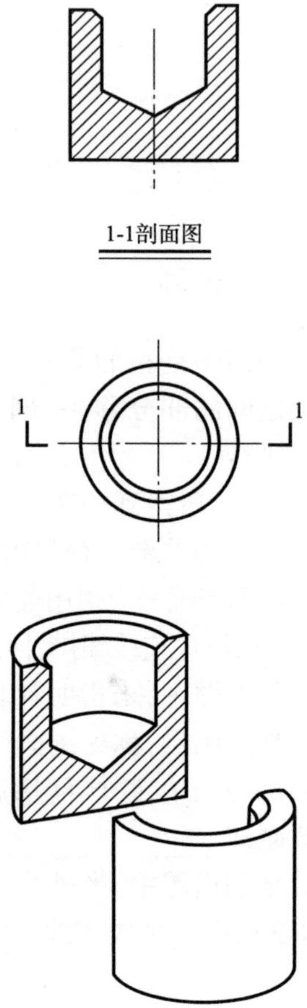

2. 根据给出的立体图和正立面投影图,补画 1-1 剖面图所缺图线。

(1)

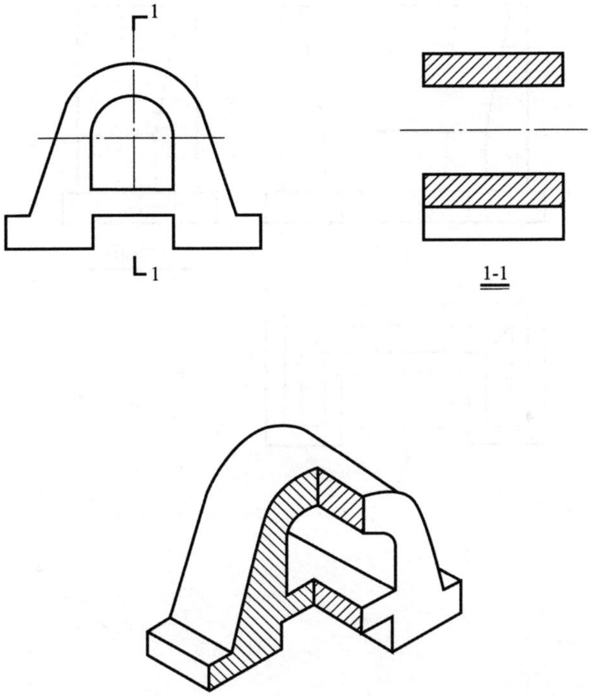

(2)

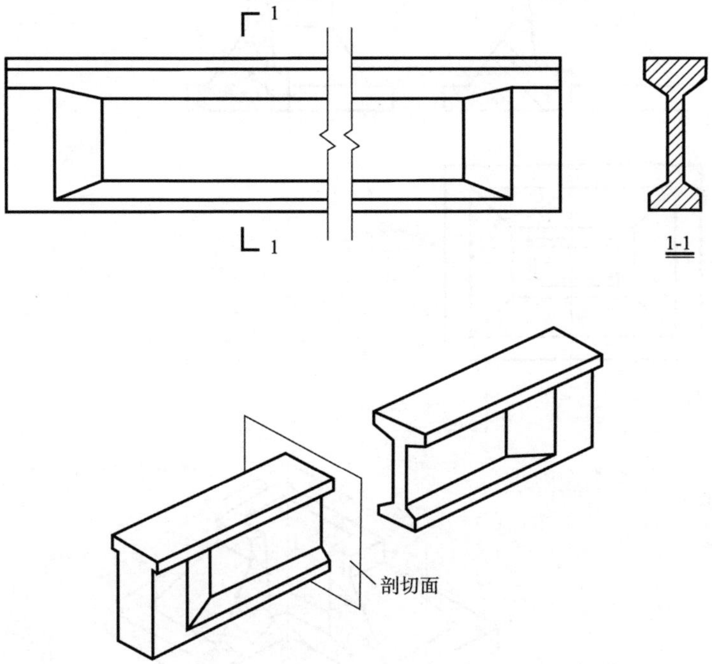

3. 请给下面的半剖面图标注剖切符号。

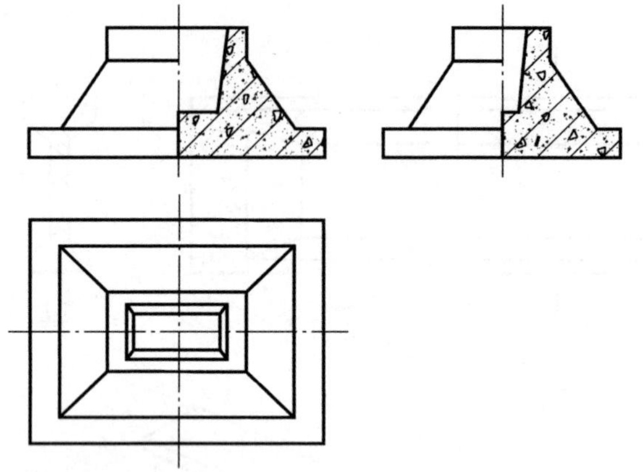

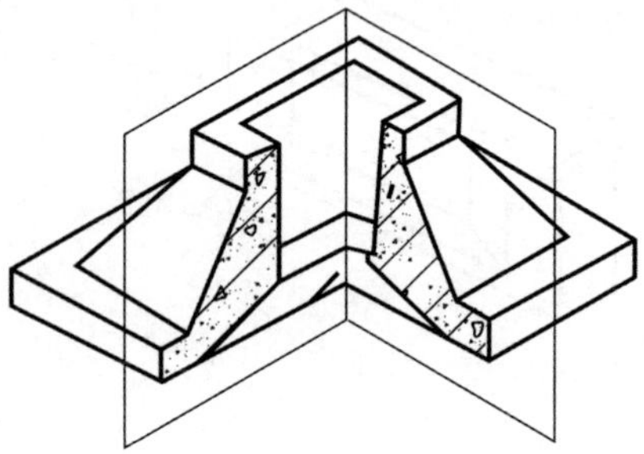

4. 绘制桥台的 1-1 剖面图。

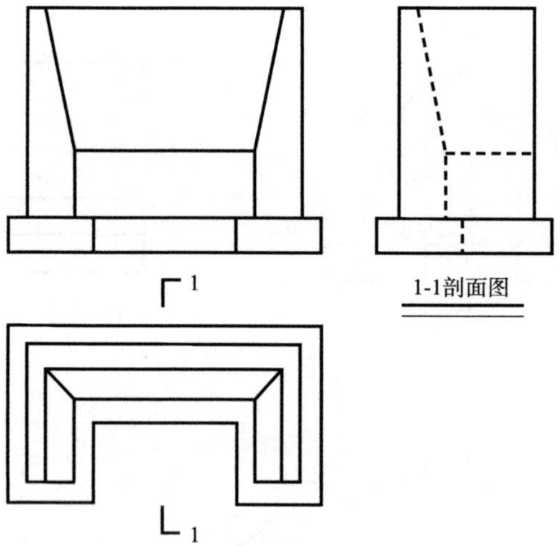

5. 根据已给视图，画出 1-1 剖面图。

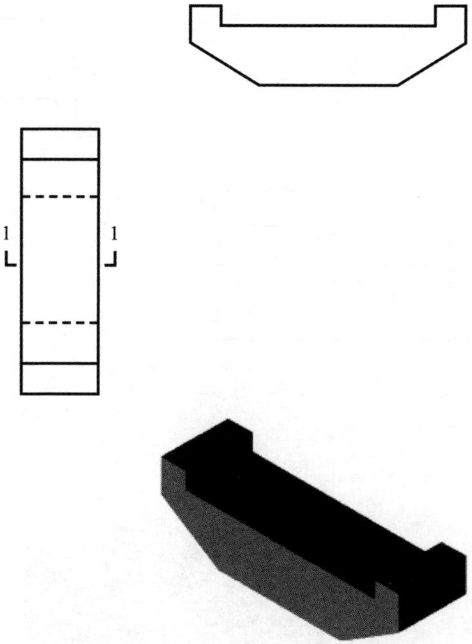

6. 根据已给视图，补画 1-1 剖面图。

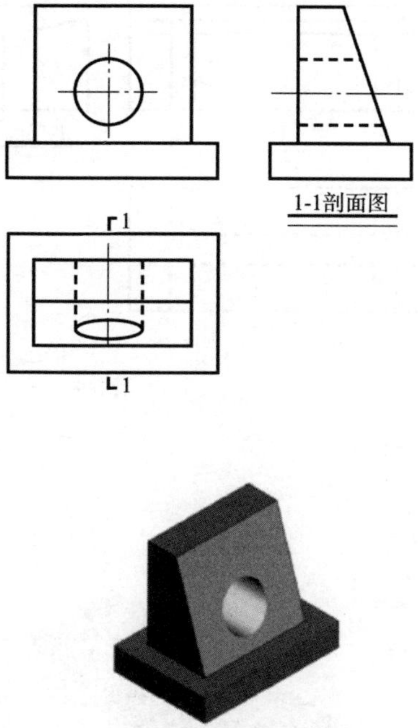

7. 根据已给视图，补画 1-1 剖面图。

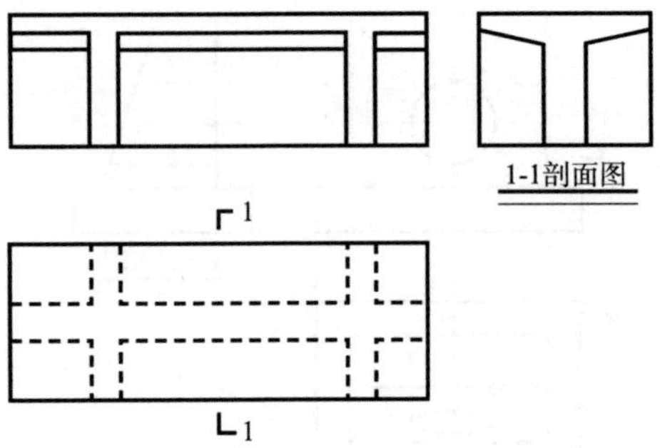

8. 根据已给视图，补画 1－1 剖面图。

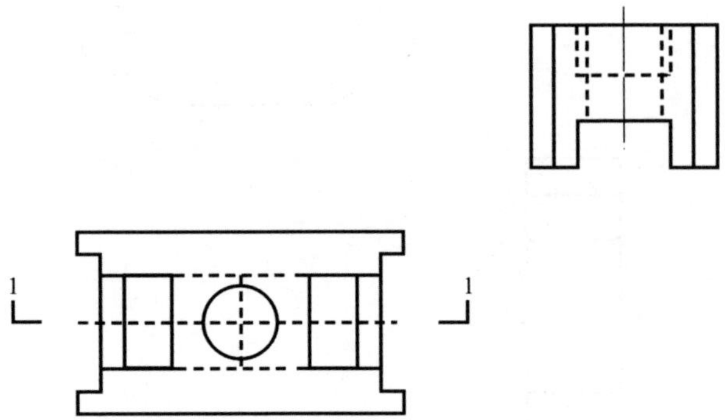

9. 根据已给视图,作出正立面投影图及 1-1 半剖面图。

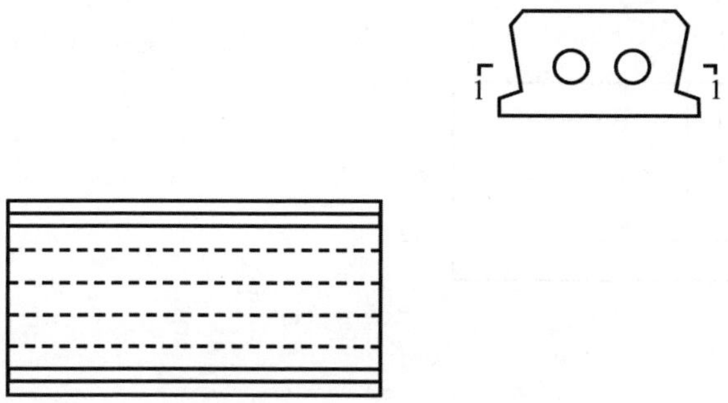

10. 根据已给视图,作形体 1-1 半剖面图。

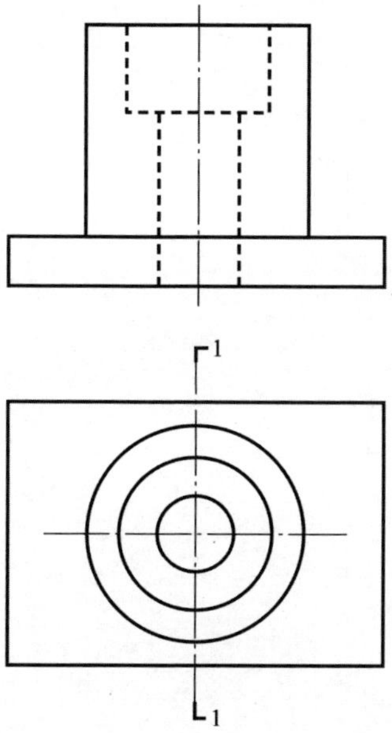

11. 根据给出涵洞口(材料:混凝土)的水平面图和正立面图,补画侧立面图及 1-1 剖面图。

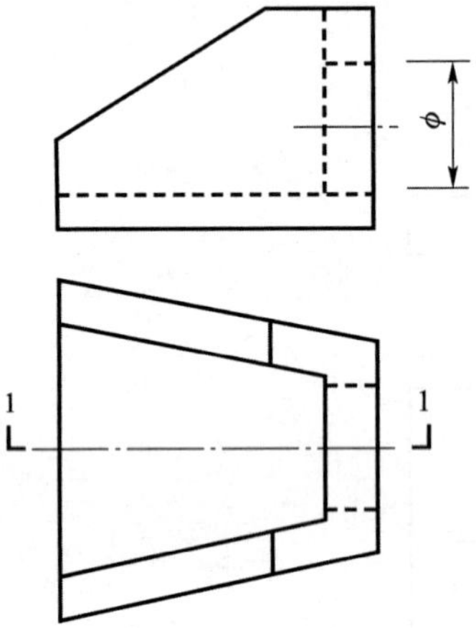

12. 根据给出的水平面图和正立面图,补画侧立面图及 1-1 剖面图。

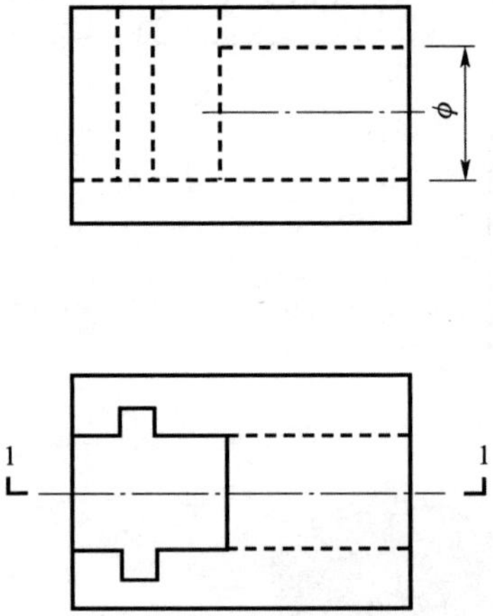

第二节　断　面　图

一、填空题

1. 断面图是指假想用一个________剖切物体，只绘出与剖切平面相________部分的图形。

2. 断面图主要用来表示物体某一位置的断面形状，是________的投影。剖面图主要用来表示物体被剖切后的形状，是________的投影。

3. 断面图的剖切符号用________来表示。

4. 根据布置位置的不同，断面图分为__________、__________、__________三种。

5. 中断断面图是把断面图画在投影图的断开处，用________将物体断开。

二、判断题

1. 断面图的剖切符号只画出剖切位置线，用编号的书写位置表示投射方向；而剖面图还要画出投射方向线。　　(　　)

2. 断面图标注的编号，写在剖切位置线的一侧，编号所在的一侧即为该断面的投射方向。　　(　　)

3. 移出断面图的轮廓用细实线绘制。　　(　　)

4. 重合断面图和中断断面图可以省略断面图的名称、剖切线和投影方向。　　(　　)

5. 中断断面图常用来表示长度较长而横断面形状不发生变化的杆件。　　(　　)

三、作图题

1. 根据给出的视图，判断 1-1 和 2-2 哪一个是剖面图，哪一个是断面图，并标注剖切符号。

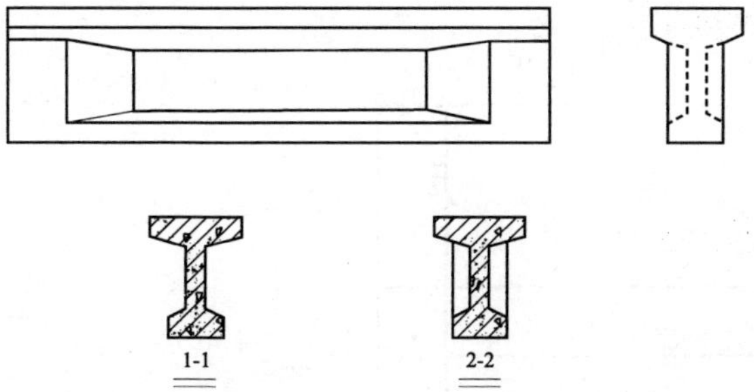

2. 根据给出的三视图,作出 1-1 断面图。

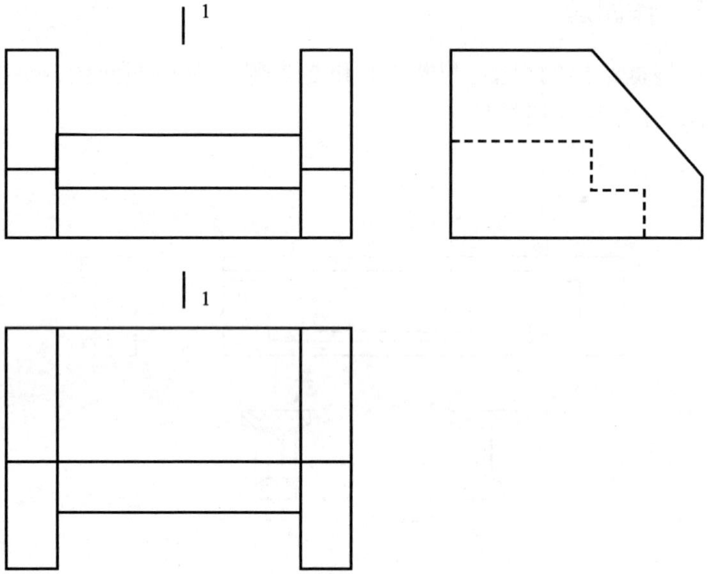

3. 根据给出的三视图,作出 1-1 断面图。

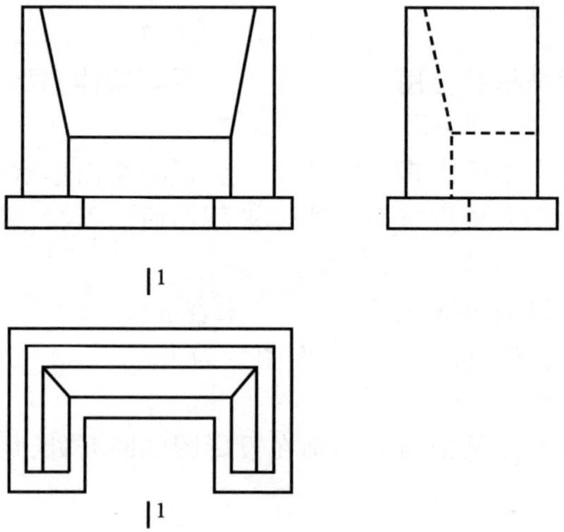

4. 作出梁的 1-1 断面图和 2-2 剖面图。

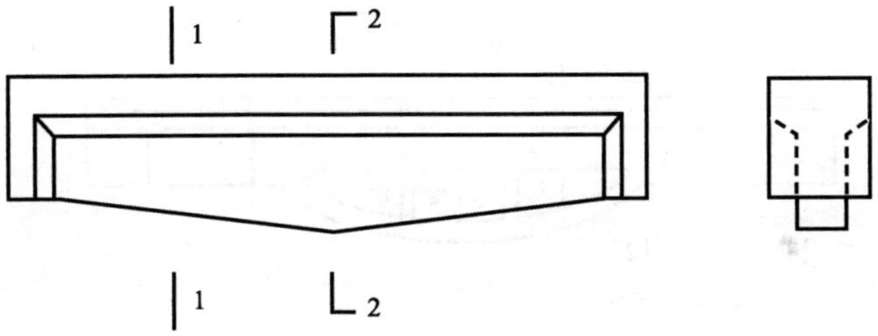

5. 作出梁的 1-1 剖面图和 2-2 断面图。

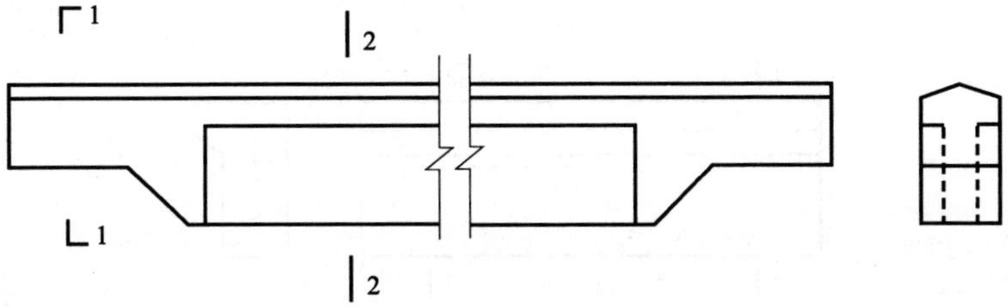

6. 根据给出的投影图，作出该梁的 1-1、2-2 断面图。

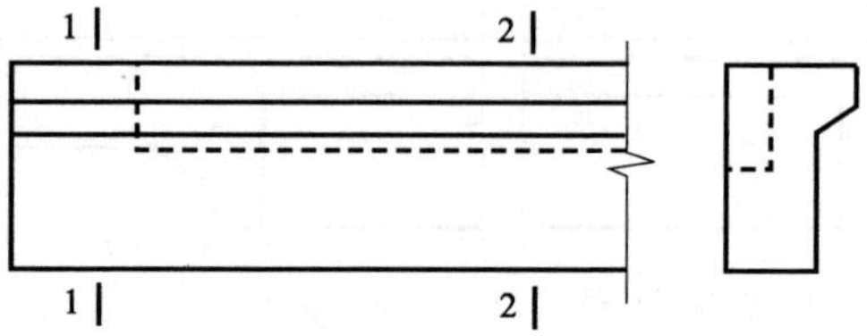

7. 根据空腹鱼腹式吊车梁的正立面图和 1-1、2-2 断面图，分别作出 3-3、4-4、5-5、6-6 断面图。

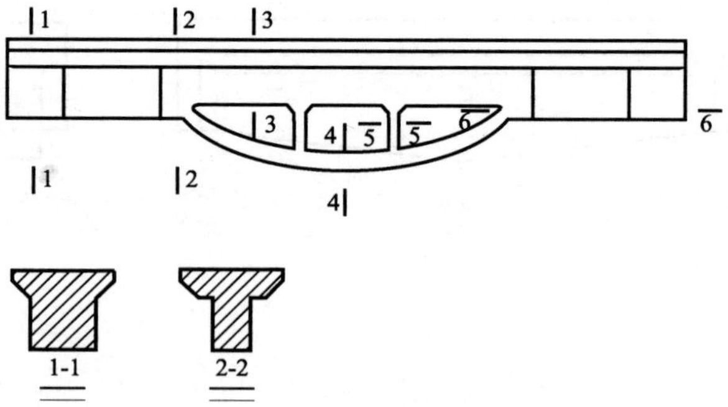

8. 作出该立柱的 1-1、2-2 断面图。

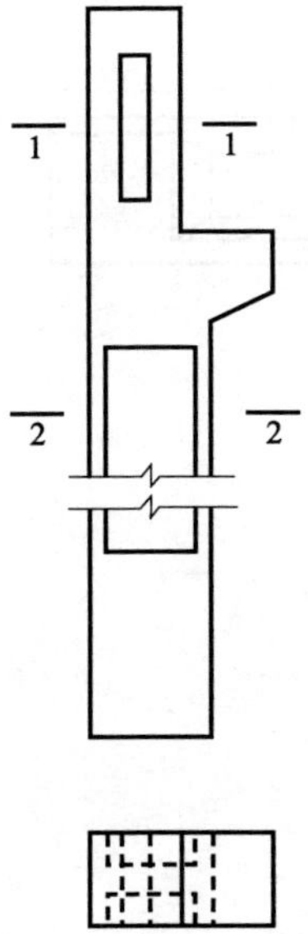

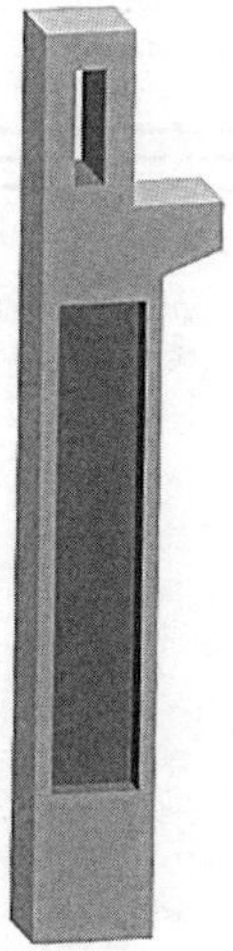

9. 作出柱子的 1-1、2-2 断面图和 3-3 剖面图。

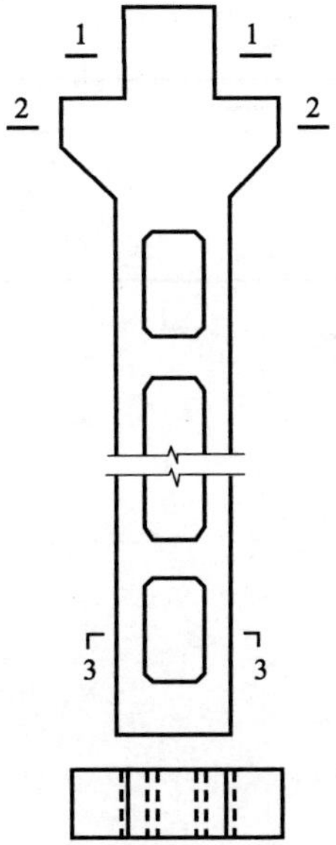

10. 分别作出梁的 1-1 断面图和 2-2 剖面图。

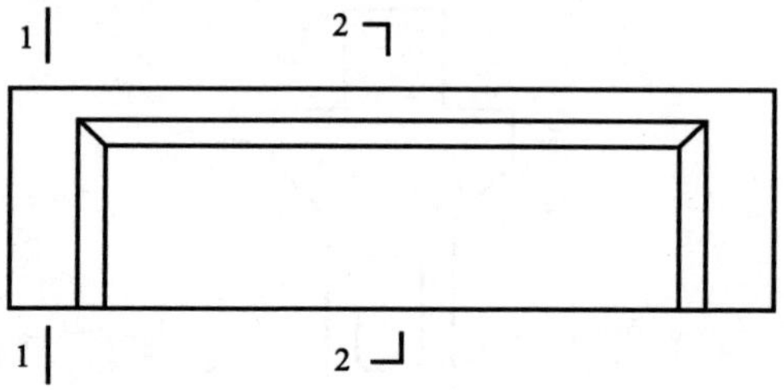

11. 作出钢筋混凝土梁的 1-1 剖面图和 2-2 断面图。

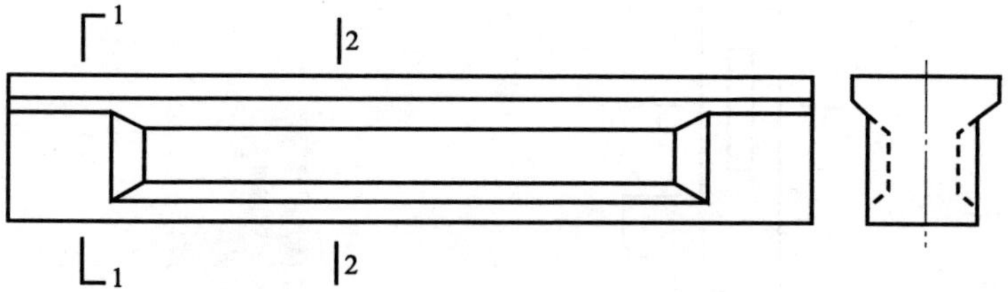

12. 根据给出视图，作出梁的 1-1、2-2 断面图和 3-3 剖面图。

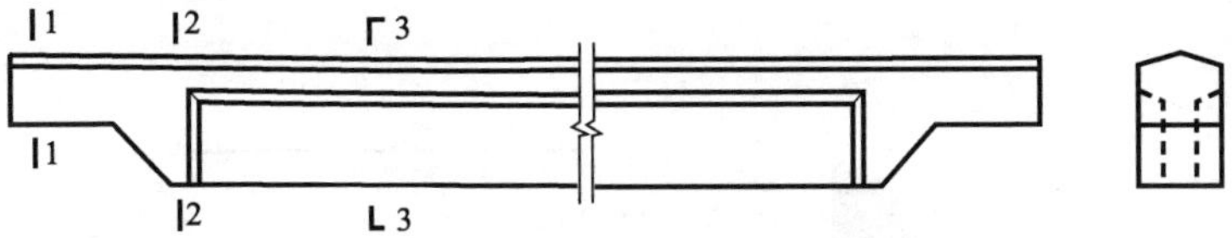

13. 根据给出视图，作出梁的 1-1 剖面图和 2-2 断面图。

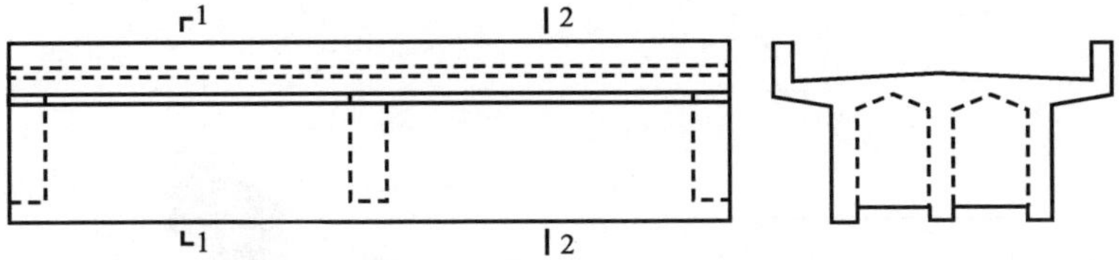

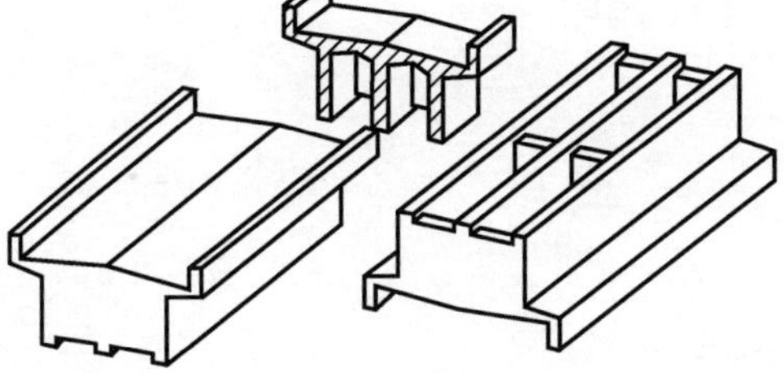

顶面　　底面

14. 根据给出的角钢视图，在正立面图上标出剖切符号，并画出该角钢的移出断面图，尺寸在轴测图上量取。

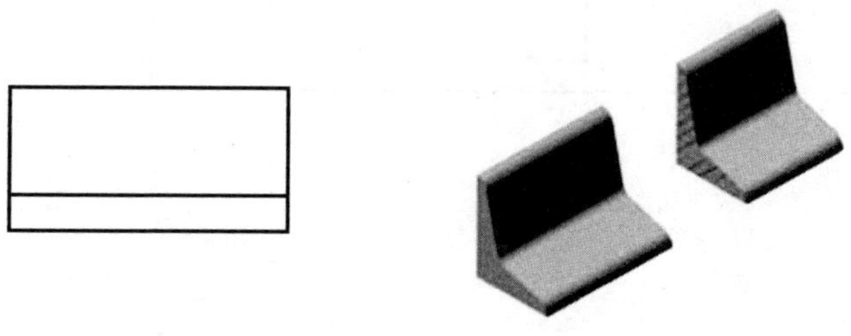

15. 在适当位置画重合断面图，尺寸在轴测图上量取。

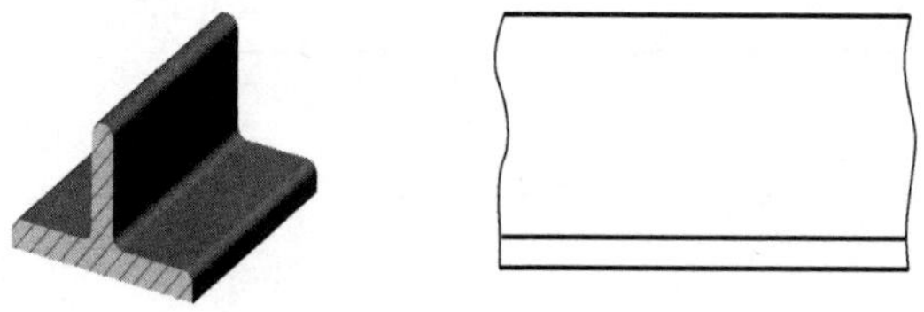

第六章　高程投影

第一节　概　　述

一、填空题

1. 高程投影的三要素是________、________、________。

2. 高程投影中，当点高于基准面，其高程为________；若点低于基准面，其高程为________；点在基准面上，其高程为________。

3. 在高程投影中基准面是________。

二、判断题

1. 在物体的水平投影上加注某些控制点、线及某些特征面的高程数值和绘图比例来表示空间物体的方法即为高程投影法。(　　)

2. 高程投影图就是在正立面图上加注某些控制点、线及某些特征面的高程，以高程数字代替立面图的作用。(　　)

3. 基准面上方的点，高程为负值。(　　)

第二节　点和直线的高程投影

一、填空题

1. b_{-5}表示 B 点到基准面的距离为________。

2. 已知 A、B 两点的高程投影分别为 a_{95}、b_{90}，用比例尺量得其水平距离为 L = 10m，则直线 AB 的坡度为________。

3. 已知直线 AB 的 i = 2∶3，A、B 两点高差 H = 12m，A 点与 B 点的水平距离 L = ________。

二、判断题

1. 为了表示几何元素间的距离或线段的长度，高程投影图中都要附上绘图比例尺。（　　）

2. 点 A 在水平投影面上方 10m，则 A 点的高程投影为 a_{10}。（　　）

3. 直线的高程投影可以用直线上一点的高程投影并标注直线的坡度和方向这种方法来表示。（　　）

4. 直线上两点的高度差为 1 单位时，两点间的水平距离数值就是直线的平距。（　　）

5. 高程投影 c_3d_3 表示的直线 CD 是一水平直线。（　　）

6. i 值越大，直线越陡。（　　）

7. 直线上两点间的水平距离越大，直线越陡。（　　）

8. 已知一直线 AB 的坡度为 1∶2，水平距离为 10m，A 点低且高程为 3，B 点高程为 9。（　　）

三、作图题

1. 求下图中所示直线的坡度和平距，并求点 C 的高程。

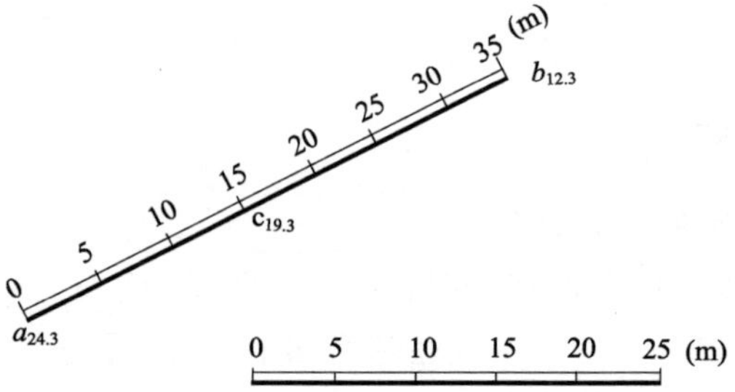

2. 已知直线 AB 的高程投影，求其实长和对 H 面的倾角。

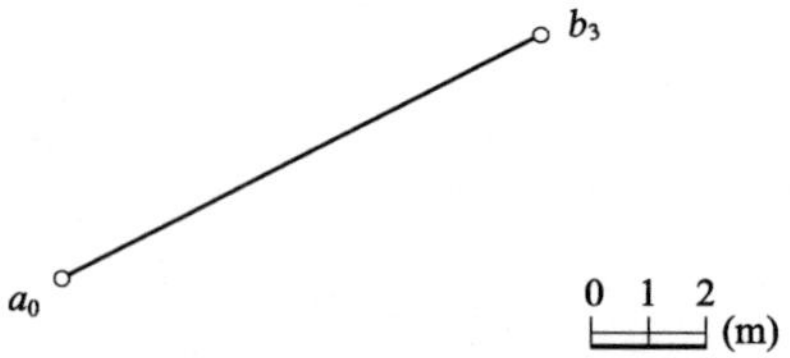

3. 求该直线 AB 的水平距离 L。

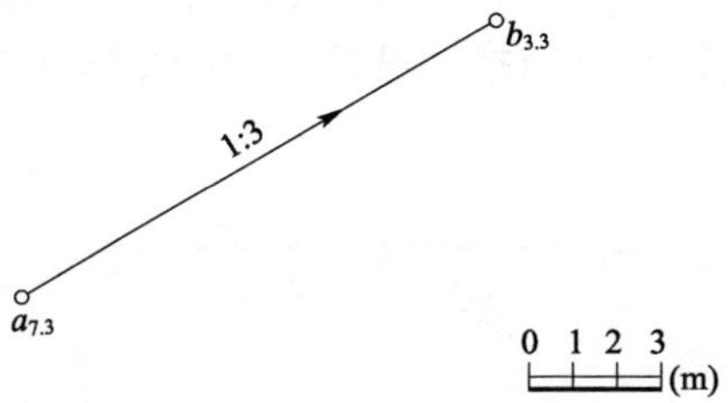

4. 已知直线 AB 两端点的高程，求该直线的坡度 i（比例为 1:100）。

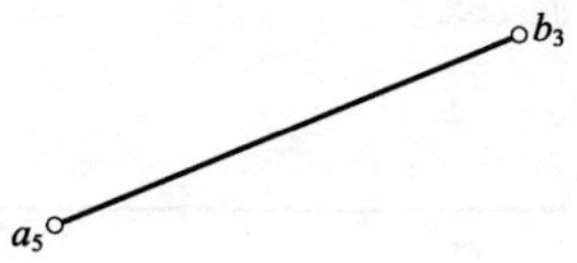

5. 求图中所示直线的坡度与平距，并求 C 点的高程。

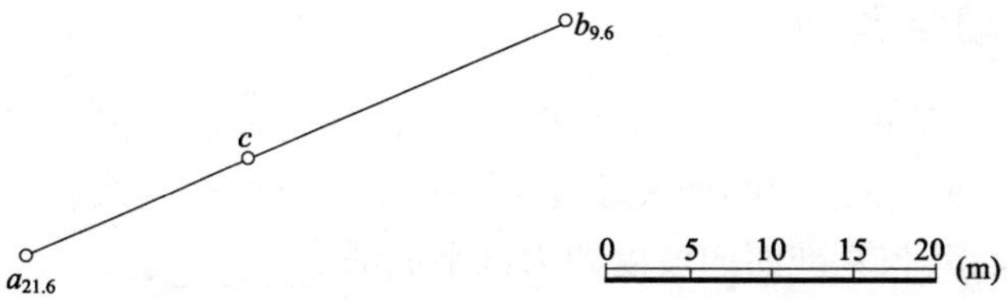

6. 已知直线 AB 两端点的高程，求该线段的坡度并定出线段上高程为整数的各点。

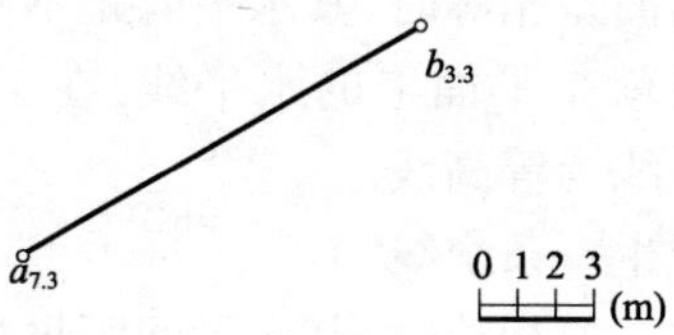

第三节　平面的高程投影

一、填空题

1. 最大坡度线的投影和平面上的等高线的投影互相________。

2. 平面上基准面的最大坡度线是与平面上的等高线(水平线)垂直的直线,其与基准面的坡度即为该平面的________。

3. 如果两平面平行,那么它们的坡度比例尺相互________,等高线也相互平行。

4. 基准面 H 上的等高线是高程为________的等高线。

二、判断题

1. 地形图中,等高线可以相交。（　　）

2. 相邻等高线的高差相等时,其水平间距不一定相等。（　　）

3. 平面的等高线就是平面上的水平线,在工程实践中常用平面上的整数高程的水平线为等高线。（　　）

4. 两平面相交产生一条交线。（　　）

5. 相邻等高线的高差相等时,其水平间距也相等。（　　）

6. 仅用坡度比例尺即可表示一个平面。（　　）

7. 最大坡度线的投影与等高线的投影相互垂直。（　　）

8. 如果两个平面相互平行,那么它们的等高线也相互平行。（　　）

9. 下图是用平面上一条非等高线和该平面的坡度与倾向表示平面的方法,其中的箭头方向指的是该平面的坡度线方向。（　　）

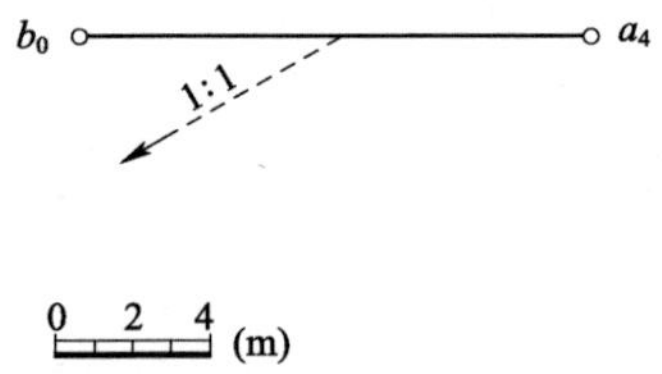

三、作图题

1. 求两相邻平面的交线。

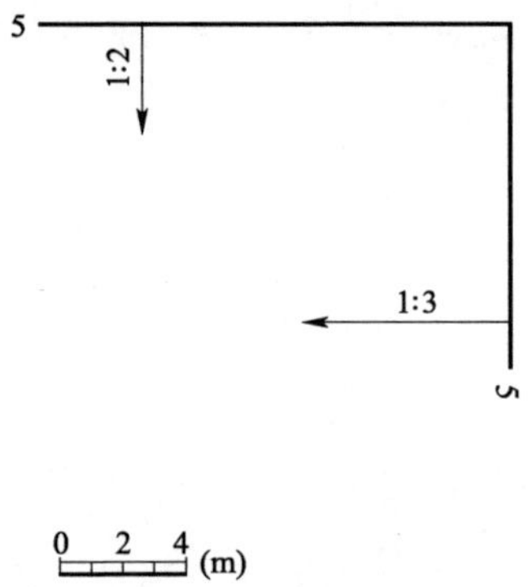

2. 求两相邻平面的交线。

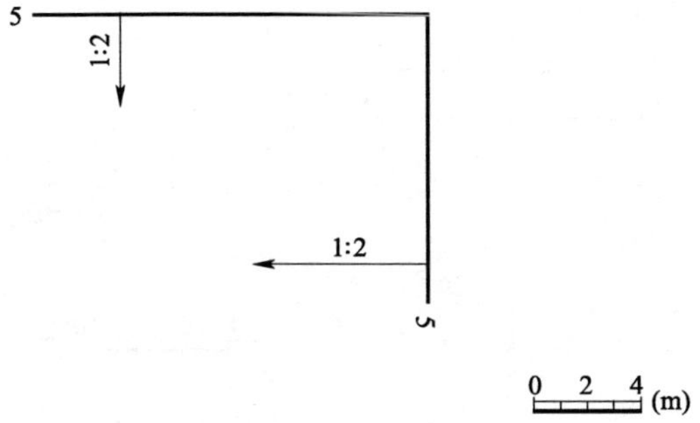

3. 已知 A、B、C 三点的高程投影,求平面 ABC 的平距和倾角。

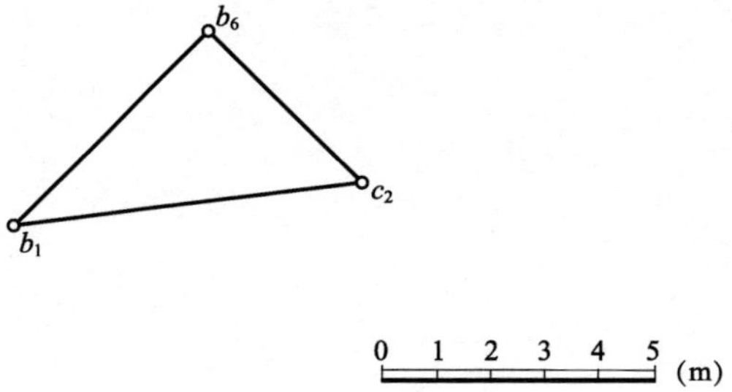

4. 在高程为 2m 的地面上挖一基坑,坑底高程为 -2m,求开挖线和坡面交线。

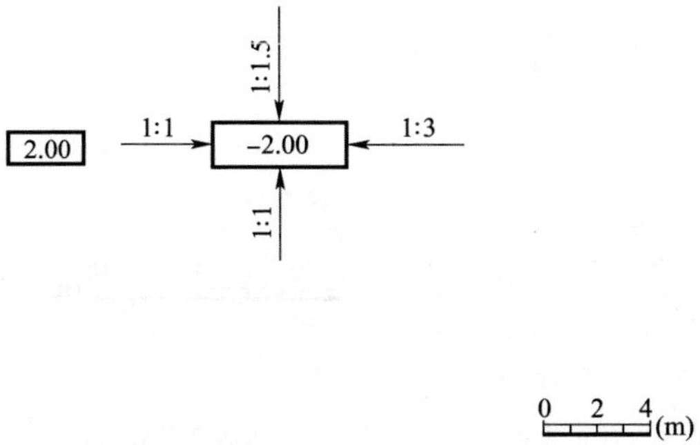

5. 平面 P 由等高线 a_4b_4 和平面的坡度 $i=1:1$ 给出,平面 Q 由直线 a_4c_0 和平面的坡度 $i=4:3$ 给出,求两平面的交线及平面上高程为零的等高线。

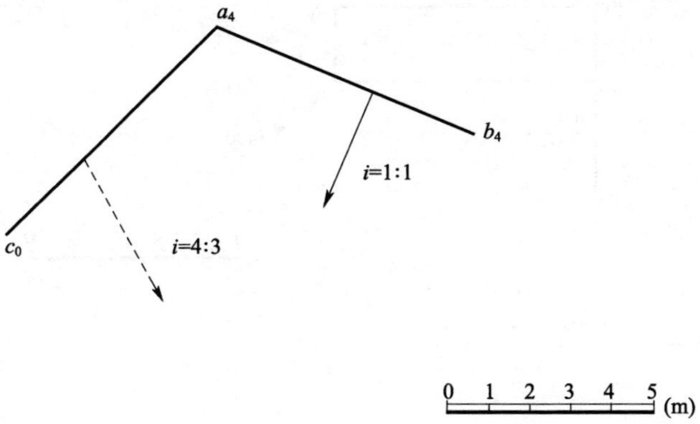

6. 在高程为零的地面挖一基坑，坑底高程 -3m，坑底形状和各棱面坡度如下图示，画出开挖线和坡面交线。

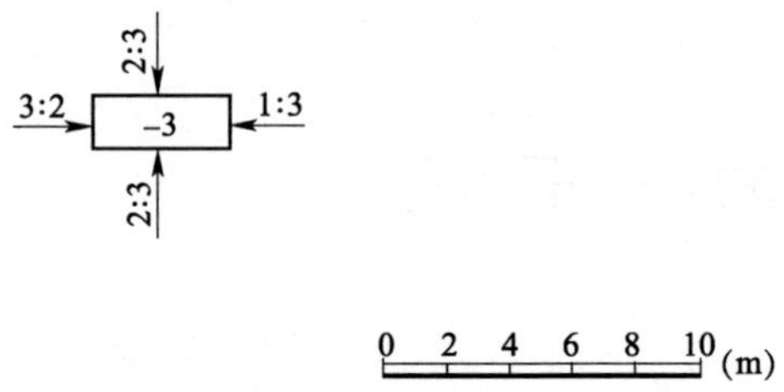

7. 在高程为零的地面修一平台，台顶高程 4m，有一斜坡引道通到平台顶面，平台的坡面与引道两侧的坡面坡度均为 1:1，画出坡脚线和坡面交线。

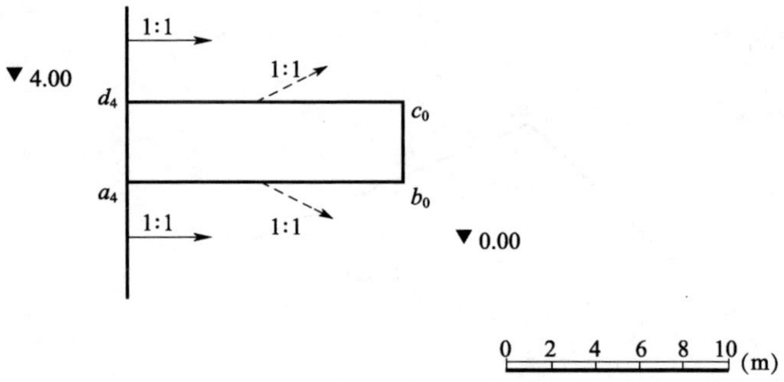

8. 已知一段路堤的堤顶 *ABCD*，高度由零到升至 3 单位，两侧和尽头坡面的坡度已注明在图上，假设底面是高程为零的水平面，试作出路堤坡面与地面的交线以及坡面间的交线。

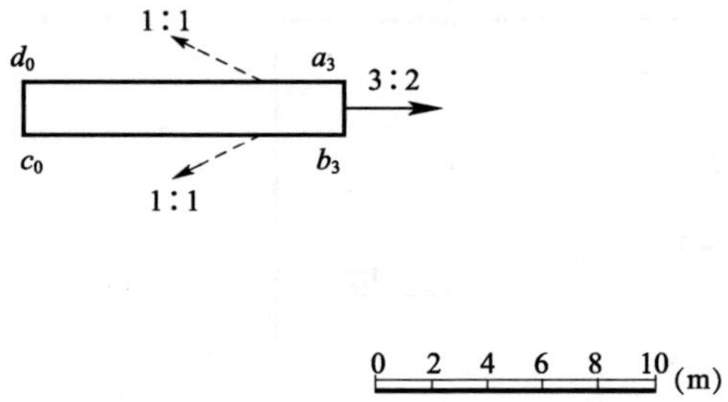

第四节　曲面的高程投影

一、填空题

1. 圆锥正放时,等高线的高程越大,则圆的直径________。

2. 假想用一组高差相等的水平面切割地形面,截交线即是一组不同高程的等高线。画出等高线的水平投影,并标注其高程值,即为地形面的高程投影,通常也叫________。

3. 在地形图中,有加粗的等高线和不加粗的等高线,不加粗的等高线称为________。

4. 在绘制圆锥高程投影时,高程字头应朝向________以区分正圆锥与倒圆锥。

5. 道路在转弯处,不论道路有无纵坡,其边坡都是________。

二、判断题

1. 地形图中等高线一般都是封闭的不规则的曲线。　(　　)

2. 正圆锥面的素线就是锥面上的坡度线,并不是所有素线的坡度都是相等的。　(　　)

3. 地形图的等高线能反映地面的地势情况,但是不能反映地貌情况。　(　　)

4. 为了方便看图,一般每隔四条等高线,要加粗一条等高线,这样的粗等高线称为首曲线。　(　　)

5. 山脊的等高线凸出方向指向低高程。　(　　)

三、作图题

1. 在高程为2m的地面修筑一高程为6m的平台,求坡脚线和坡面交线(比例1:300)。

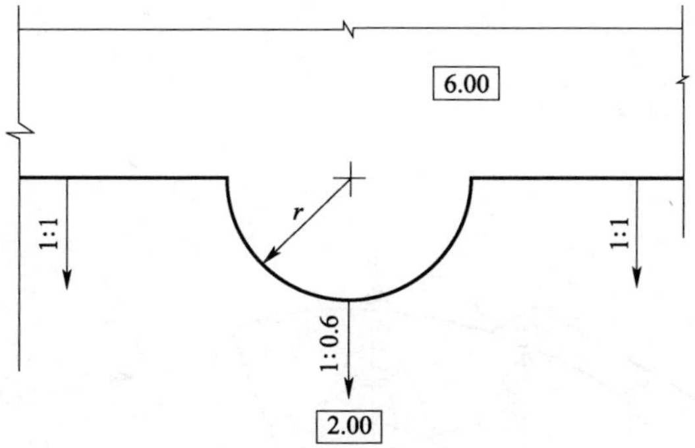

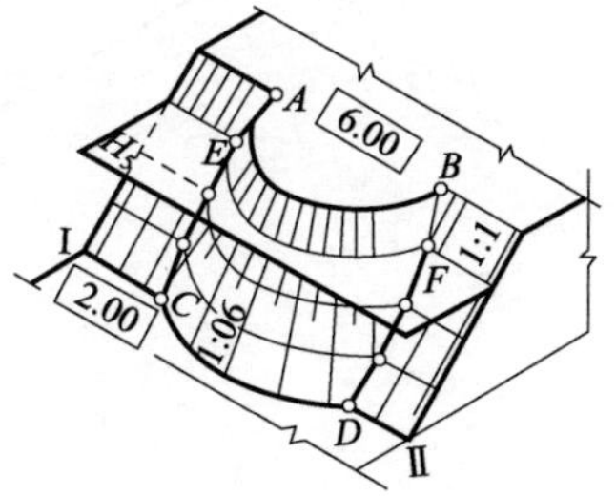

2. 过空间曲线 *ACDB* 作坡度为 1:1.5 的同坡曲面,画出等高线。

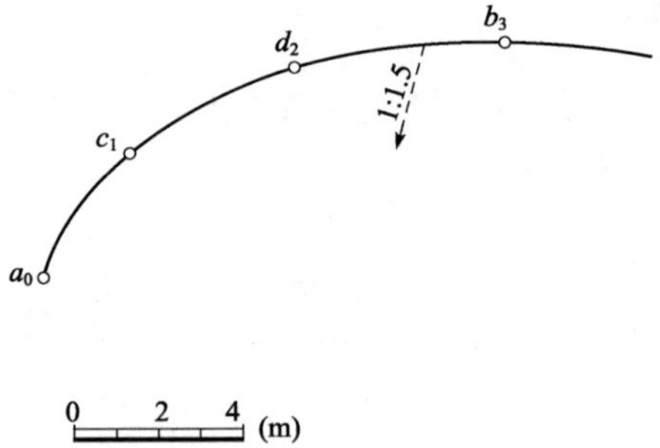

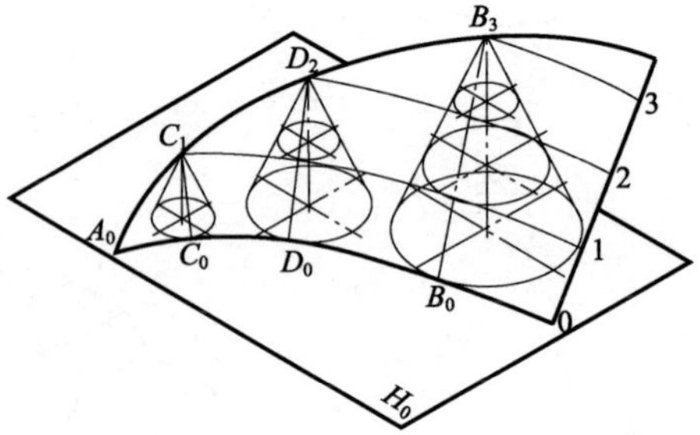

3. 试绘制地形断面图(比例 1:300)。

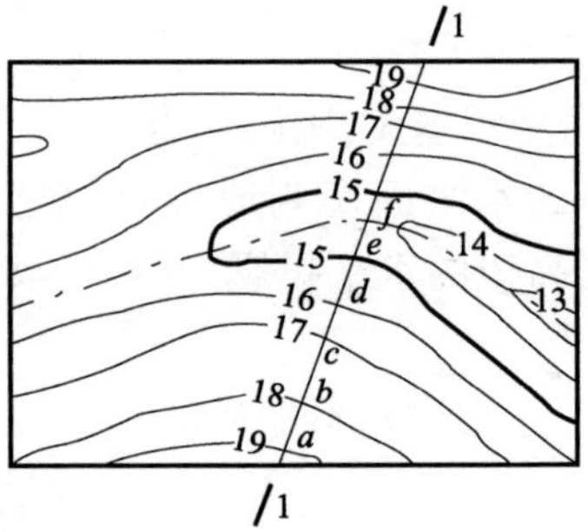

4. 求直线与山地的交点。

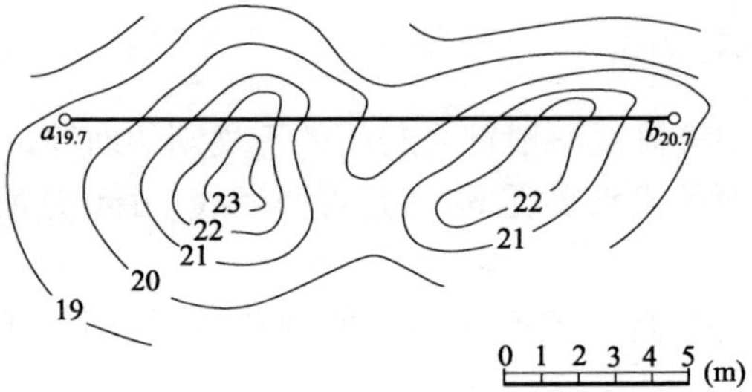

第七章　公路路线工程图

第一节　概　　述

填空题

1. ________是指连接城市、乡村和工矿基地等，按照国家技术标准修建的，具有一定技术等级和设施，并由公路主管部门验收认可的道路。

2. 公路通车能力的大小和技术水平的高低，可以用________来表示。

3. 目前，我国公路等级的划分可以采用两种方式，一种是按照________划分，另一种是按照________划分。

4. 公路路线平面图是公路________投影所得到的水平投影图。

5. 我国公路技术等级划分为五个等级，即________、________、二级公路、三级公路、四级公路。

6. 我国公路按行政等级划分为四个等级，即________、________、县道、乡道。

7. 通过公路中心线用假想连续的平面或曲面作________纵向剖切，然后把剖切面展开拉直成一平面，即为路线纵断面图。

8. 公路路线设计的最后结果是以________、________和________来表达的。

9. 公路路线在平面上是由________和________组成的。

10. 用假想的剖切平面垂直于公路中心线某桩号横向剖切而得到的图形，称为________。

11. 公路结构是能承受自然因素和各种车辆荷载的结构物，包括________、________、________、隧道、涵洞、排水防护工程、交通安全及沿线设施等。

第二节　公路路线平面图

一、填空题

1. 路线平面图主要是表示路线的______、______、______状况，以及沿线两侧一定范围内的______、______等情况。

2. 平面图中地形起伏情况主要用________来表示。

3. 里程桩分为________和________。

4. 在路线平面图中，公里桩标在路线前进方向的________。

5. 在路线平面图中，百米桩标在路线前进方向的________。

6. 路线平面图从____向____绘制，桩号按________的顺序排列。

7. 在"K6"公里桩的前方注写的"4"，表示桩号为________，说明该点距离路线起点为________。

8. 按顺序写出圆曲线的各段切点和中点名称：________、________和________。

9. 在路线平面图中，平曲线的转折点称为________。

10. "HY"表示路线平面图中________。

11. 超高是把道路在平曲线处设计成________的形式。

二、选择题

1. 在平曲线中，T 表示(　　)。

A. 切线长　　B. 曲线长　　C. 外距　　D. 缓和曲线长

2. 在平曲线中，E 表示(　　)。

A. 切线长　　B. 曲线长　　C. 外距　　D. 缓和曲线长

3. 平曲线分为(　　)和(　　)两种。

A. 凹曲线　凸曲线　　B. 圆曲线　缓和曲线

C. 上曲线　下曲线　　D. 左曲线　右曲线

4. 路线平面图从(　　)向(　　)绘制。

A. 左　右　　B. 右　左

C. 上　下　　D. 下　上

三、识图题

1. 如下图所示为某公路 K3 +300 ~ K5 +200 段的路线平面图,读图后回答问题:

(1)本图采用________所指为正北方向。

(2)本图中每两根等高线间高差为________米,每隔四条等高线画出一条粗的________,并标注相应的高程数字。从图中可以看出:路线起点左侧和右侧均为________。

(3)由本图可知,该地区的白沙河从________向________流过,河西有居民点,名为________。

(4)本图中 BM8 表示____________________。

(5)该段公路是从 K3 +300 处开始, 由西南方地势较低处引来,在交角点 JD_6 处向____转折,a_y = ________,圆曲线半径 R = ________,从竹坪村北面经过,然后通过白沙河桥,到交角点 JD_7 处向________转折,a_z = ________,圆曲线半径 R = ________,公路从山的南坡沿山脚向________延伸。

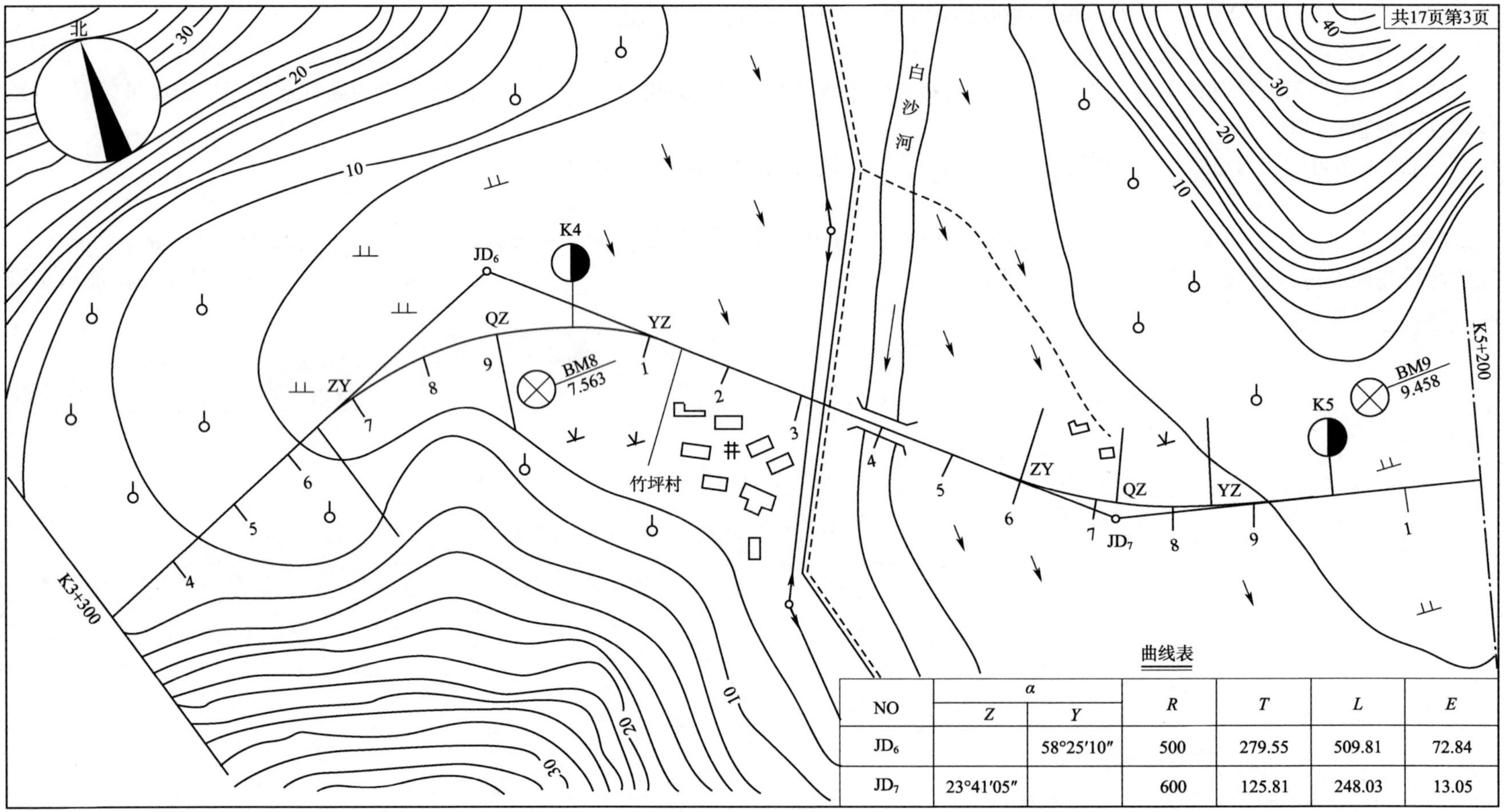

曲线表

NO	α		R	T	L	E
	Z	Y				
JD_6		58°25′10″	500	279.55	509.81	72.84
JD_7	23°41′05″		600	125.81	248.03	13.05

2. 阅读平面图，并回答问题：

(1)该段路的起点桩号为________，终点桩号为________，路的大至走向为________。

(2)图中有几个水准点________，高程分别为多少________。

(3)从图中可以看出：路线左侧地形为________，右侧地形为________。

(4)K1 +300 ~ K1 +500 为直线段还是曲线段？ ________

(5)本图中 BM1 表示________________________________。

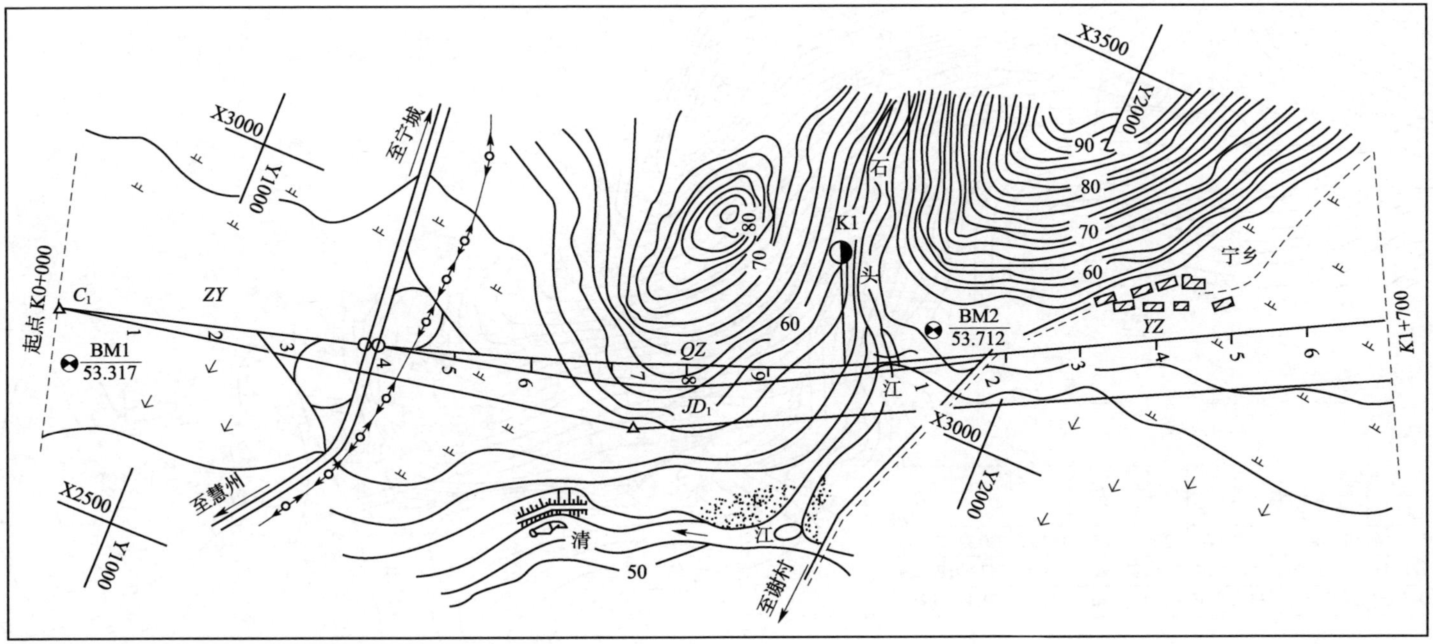

3. 阅读平面图，并回答问题：

(1)工程图的比例是多少？________

(2)公路路线平面图共有几张？本段是第几张？________

(3)图中方位如何表达？有无河流和山？________

(4)该段路的起点桩号为________，终点桩号为____________。

(5)本图中 BM2 表示____________。

(6)本图有几个交点？交点的坐标分别为多少？________

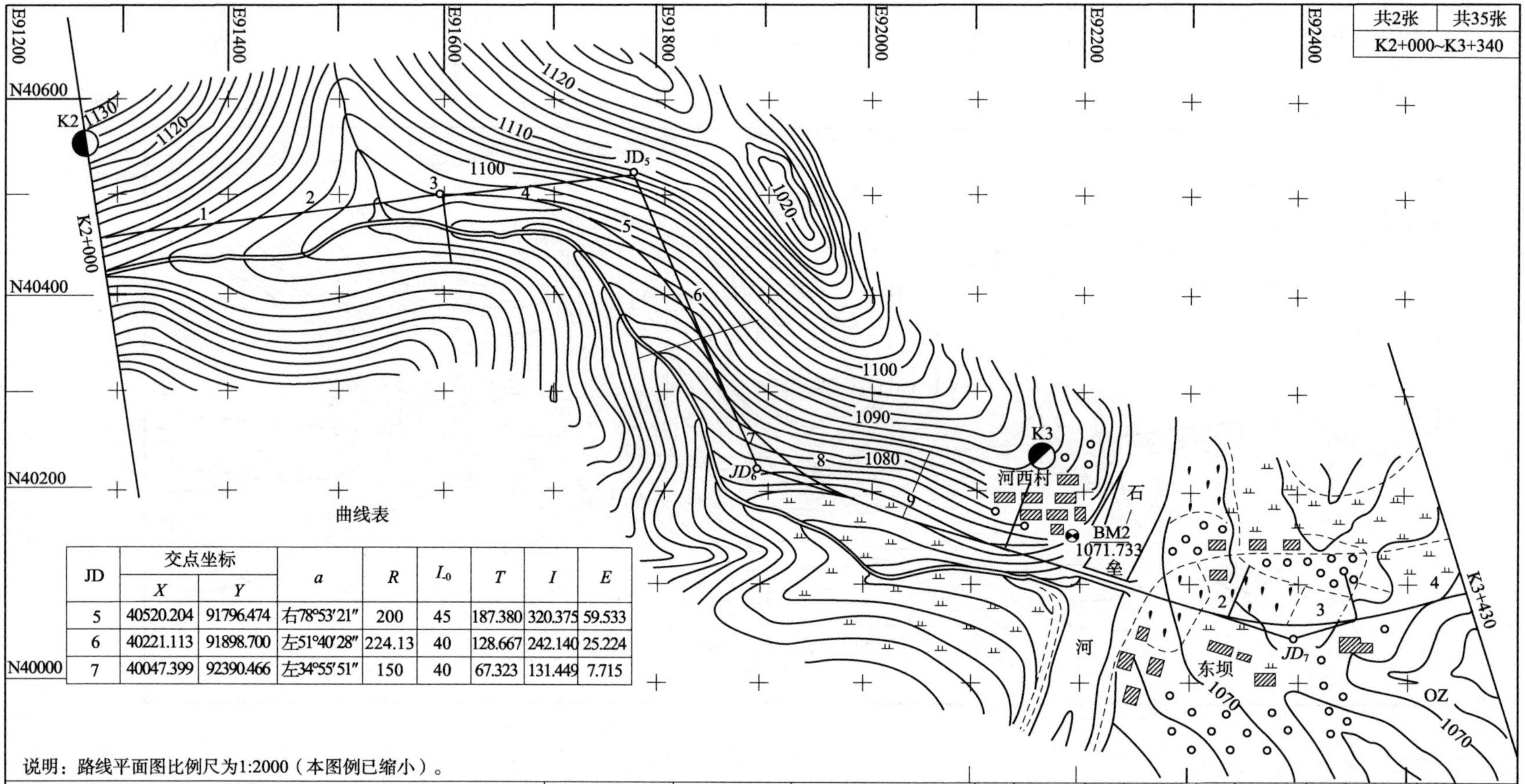

曲线表

JD	交点坐标		a	R	I_0	T	I	E
	X	Y						
5	40520.204	91796.474	右78°53′21″	200	45	187.380	320.375	59.533
6	40221.113	91898.700	左51°40′28″	224.13	40	128.667	242.140	25.224
7	40047.399	92390.466	左34°55′51″	150	40	67.323	131.449	7.715

说明：路线平面图比例尺为1:2000（本图例已缩小）。

设计单位名称	(工程名称)	路线平面设计图	设计		复核		审核		图号		日期	

第三节　路线纵断面图

一、填空题

1. 路线纵断面图包括________和________两部分。

2. 路线纵断面图的图样部分绘制时，一般竖向比例要比水平比例________。

3. 竖曲线分成________和________两种。

4. 路线纵面图中，“○”表示________。

二、选择题

1. 在公路路线纵断面图中，JD_7 的 $\alpha = 34$、28、$R = 500$ 表示的意义是(　　)。

A. 第 7 号交角点沿路线前进方向右转弯，转折角 $\alpha = 34°28'$，平曲线半径 $R = 500$m

B. 第 7 号直圆点沿路线前进方向左转弯，转折角 $\alpha = 34°28'$，平曲线半径 $R = 500$m

C. 第 7 号交角点沿路线前进方向左转弯，转折角 $\alpha = 34°28'$，平曲线半径 $R = 500$m

D. 第 7 号直圆点沿路线前进方向右转弯，转折角 $\alpha = 34°28'$，平曲线半径 $R = 500$m

2. 在公路路线纵断面图中，道路设计线上各点的高程通常是指(　　)的设计高程。

A. 中心线　　B. 路基边缘

C. 行车道　　D. 路肩

3. 在公路路线纵断面图的资料表中，上凸折线┌┐表示(　　)。

A. 向左转　　B. 向右转

C. 上坡　　D. 下坡

三、识图题

1. 如下图所示为某公路 K6 +000 ~ K7 +600 段的纵断面图。读图后回答问题:

(1)图中,变坡点处桩号为 K6 +600 设________竖曲线,变坡点高程为________,竖曲线($R=$________,$T=$________,$E=$______);在变坡点 K6 +980 处设有________竖曲线($R=$________,$T=$________,$E=$________);在变坡点 K7 +300 处由于坡度变化较小,可注明________。

(2)在里程桩 K6 +080 处设有一座直径为________的________。

(3)BM15 设在______________上,高程为________。

(4)图中第一格的标注"3.0/600",表示此段路线是________,坡度为________,路线长度为________。

(5)为了表示该路段的平面线形,通常在表中画出平曲线的示意图。直线用________表示,道路左转弯用________折线表示,右转弯用________折线表示。

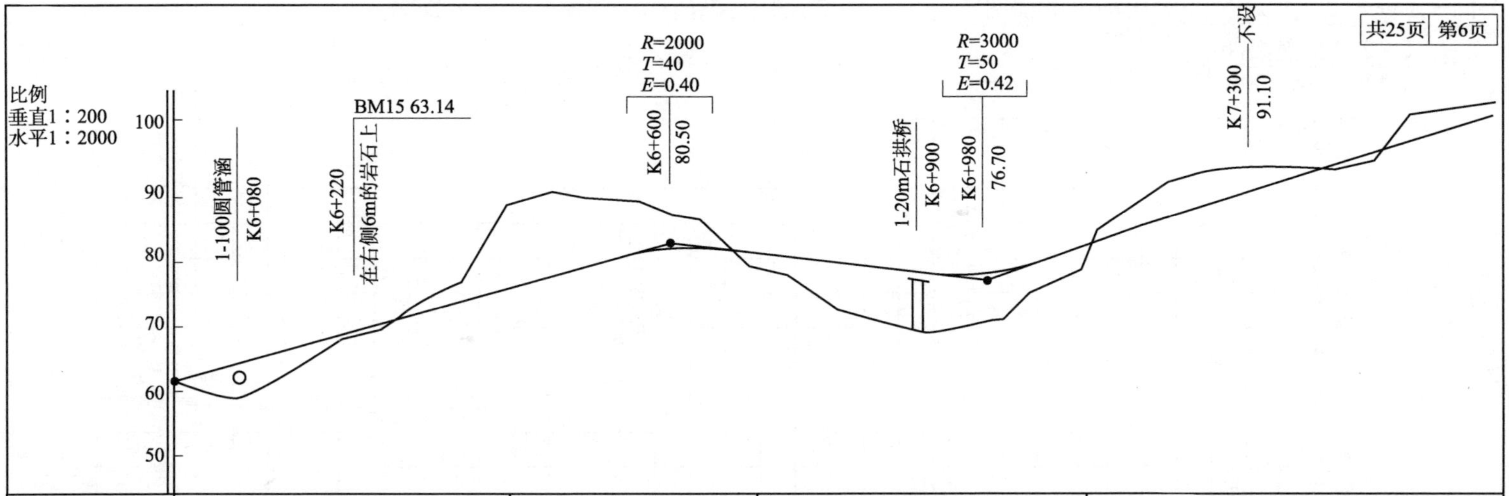

地质概况：普通黏土 | 坚石 | 普通黏土 | 坚石

坡度（%）/距离（m）：3.0 / 600；1.0 / 380；4.5 / 320；3.5 / 300

里程桩号	地面高程	设计高程	填高	挖深
6+000.00	61.20	62.50	1.30	
6+080.00	58.65	64.90	6.25	
6+100.00	60.10	65.50	5.40	
6+200.00	67.02	68.50	1.48	
6+220.00	67.60	69.10	1.50	
6+234.00	68.74	70.14	1.40	
6+300.00	73.15	71.50		1.65
6+350.00	79.56	73.00		6.56
6+400.00	86.80	74.50		12.30
6+455.47	88.26	76.16		12.10
6+500.00	86.91	77.50		9.41
6+560.00	86.80	79.30		7.50
6+600.00	85.30	80.10		5.20
6+640.00	83.16	80.10		3.06
6+700.00	77.70	79.50	1.80	
6+740.00	75.60	79.10	3.50	
6+800.00	71.69	78.50	6.81	
6+900.00	68.66	77.50	8.84	
6+930.00	69.40	77.20	7.80	
6+980.00	70.10	77.12	7.02	
7+000.00	70.65	77.75	7.10	
7+030.00	74.69	78.95	4.26	
7+100.00	80.75	82.10	1.35	
7+114.00	83.98	82.73		1.24
7+200.00	91.50	86.60		4.90
7+285.96	93.65	90.47		3.18
7+300.00	93.68	91.10		2.58
7+400.00	93.26	94.60	1.34	
7+450.00	96.12	96.35	0.23	
7+500.00	101.34	98.10		3.24
7+600.00	103.25	101.60		1.65

平曲线：JD_9 α=40°15′ R=300；JD_{10} α=3°27′；JD_{11} R=500 α=19°42′；JD_{12} α=4°10′

2. 如下图所示为某公路的纵断面图。读图后回答问题：

(1)本图为桩号____________段的纵断面图。 (2)图中，纵向比例和横向比例分别为____________和____________。

(3)图中，$\frac{1-2.0\text{m 盖板涵}}{\text{K278}+141.300}$表示____________。 (4)该段路线中，地质状况为____________。

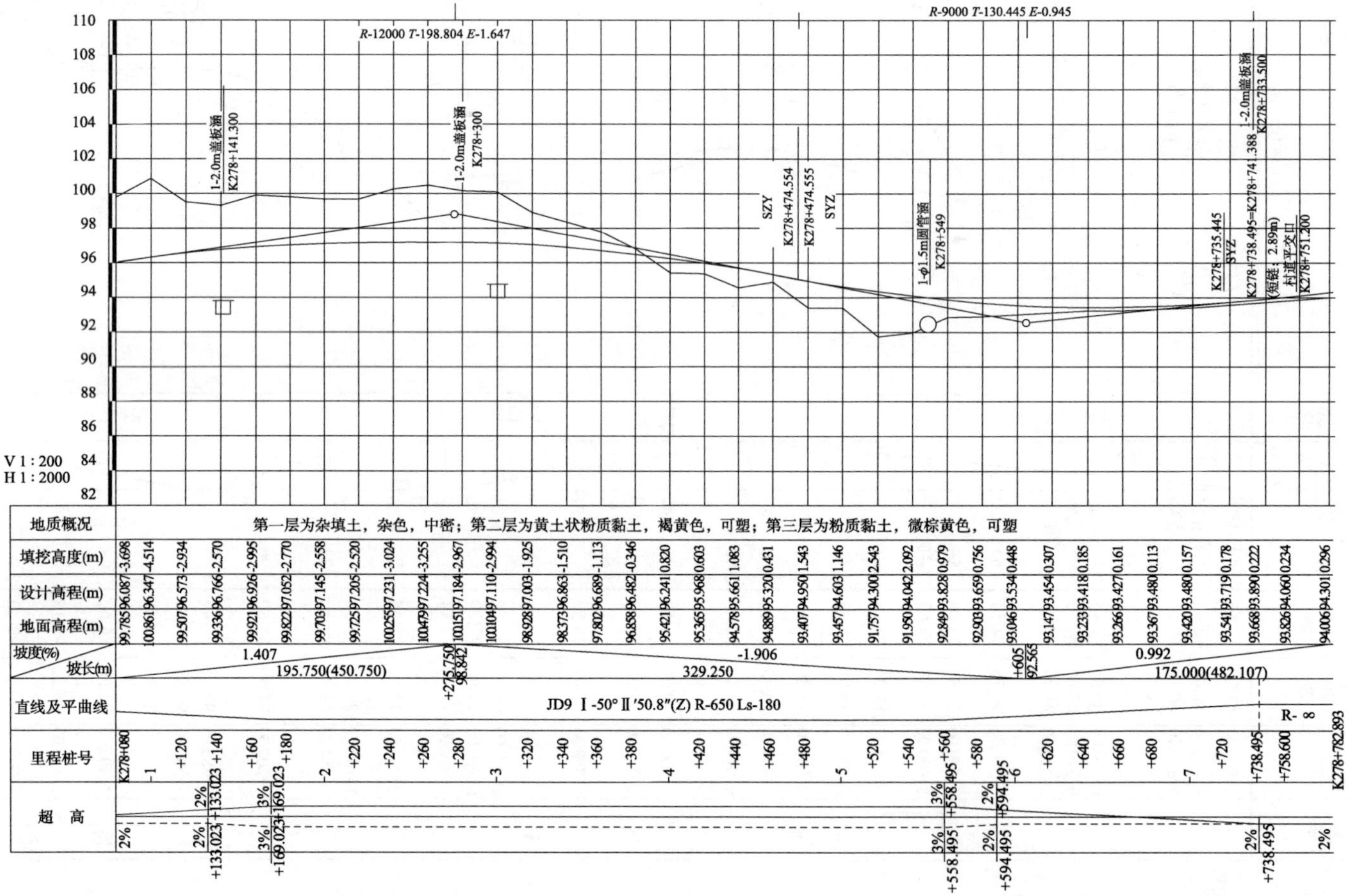

第四节　路线横断面图

一、填空题

1. 路基横断面图中水平和竖直方向宜采用________比例，比例为________、________、________。

2. 路基横断面图有三种形式，分别为________、________和半填半挖路基。

3. 路基横断面某断面处的填方面积用________表示，挖方面积用________表示。

4. 路基横断面的地面线一律采用________表示，设计线一律采用________表示。

5. 路线横断面是用假想的剖切平面，________于路中心线剖切而得到的图形。

6. 在同一张图纸内绘制的路基横断面图，应按里程桩号顺序排列，从图纸的________开始，先________，再________排列。

7. 横断面图中，路面线、路肩线、边坡线和挡防构造物轮廓线用________表示，路面厚度用________表示，原有地面线用________表示，路中心线用________表示。

8. 横断面图包括________部分和________部分。

9. 路线横断面图主要表达路线沿线各中心桩处的横向地面起伏状况和路基横断面形状、________、________、________等。

10. 设计高程高于原地面高程，整个路基全为填土区的路基，即为填方路基。填土高度等于________减去________。

11. 设计高程低于原地面高程，整个路基全为挖土区的路基，即为挖方路基。挖土高度等于________减去________。

二、识图题

1. 下图为挖方路基横断面图，读图回答问题：

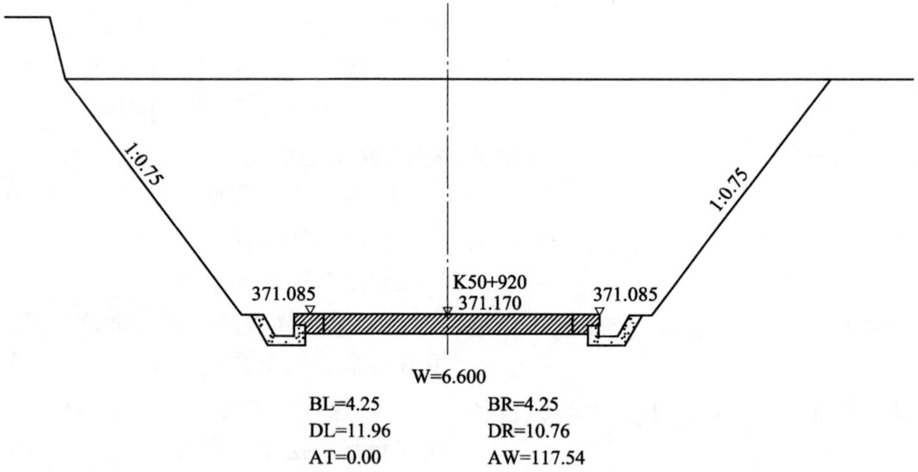

(1)在本横断面图中，标出对应的桩号为________，设计高程为________。

(2)填挖高度为：挖(W)__________；左侧路基宽度为__________，右侧路基宽度为________；左侧坡脚宽度为________，右侧坡脚宽度为________，填方面积为________，挖方面积为________。

2. 下图为某桩号处路基横断面图,读图回答问题:

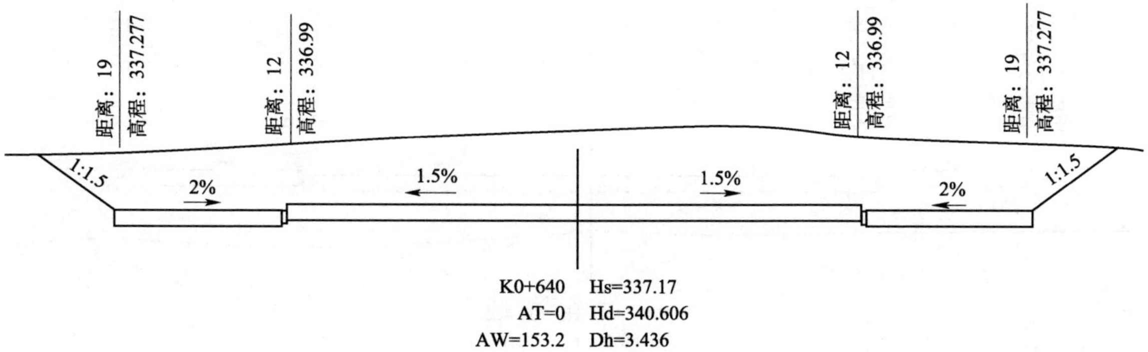

(1)该横断面的桩号是________,该桩号处的设计高程是________,地面高程是________,该桩号处设计高程与地面高程的差值是________。

(2)该桩号处横断面的路拱横坡度是________,边坡坡度是________。

(3)该桩号横断面处的填方面积为________,挖方面积为________。

3. 下图为某桩号处路基横断面图，读图回答问题：

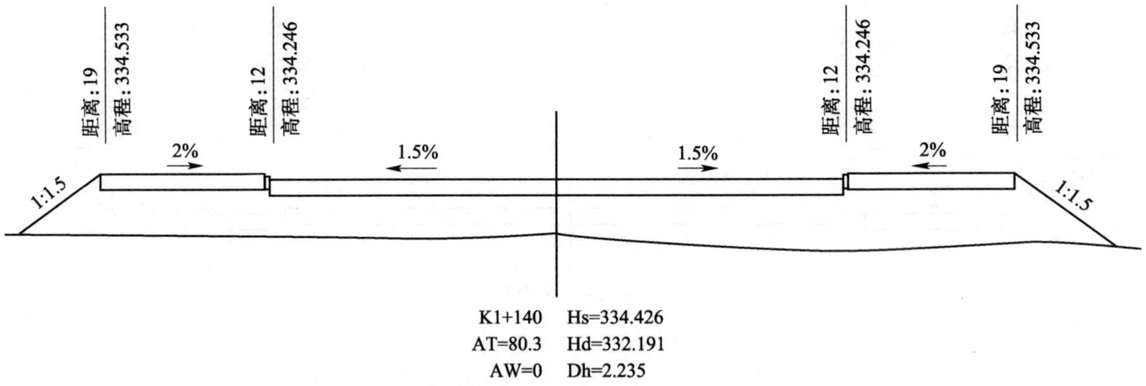

(1) 该横断面的桩号是__________，该桩号处的设计高程是__________，地面高程是__________，该桩号处设计高程与地面高程的差值是________。

(2) 该桩号处横断面的路拱横坡度是________，边坡坡度是________。

(3) 该桩号横断面处的填方面积为________，挖方面积为________。

第五节　公路路面结构图

一、填空题

1. 路面根据其使用的材料和性能不同，分为______和______。

2. 路面横向主要由______、______、______、路拱等组成。

3. 路面纵向结构层由______、______、垫层、联结层等组成。

4. 目前常用的柔性路面有______、______和沥青表面处治路面等。

5. ______是直接与行车荷载和自然因素相接触的表面层次。

6. ______是设置在面层之下，主要承受由面层传递下来的车辆荷载，并将荷载分布到垫层或土基上。

7. 垫层是基层和土基之间的结构层，主要起______、______、______、防冻、防污等作用。

8. 联结层是在面层和基层之间设置的一个层次，它的主要作用是加强面层与基层的共同作用或减少基层的______。

9. 路拱的形式有______、______和直接接曲线形。

10. 水泥混凝土路面是以______为主要材料做面层的路面，简称混凝土路面。

11. 从外观上看，沥青路面又称为______，水泥混凝土路面又称为______。

12. 路拱大样图的任务就是要清楚表达出路面横向的形状，一般竖直方向比例______水平方向比例。

二、识图题

1. 下图为沥青混凝土路面结构图(尺寸单位:cm),读图回答问题:

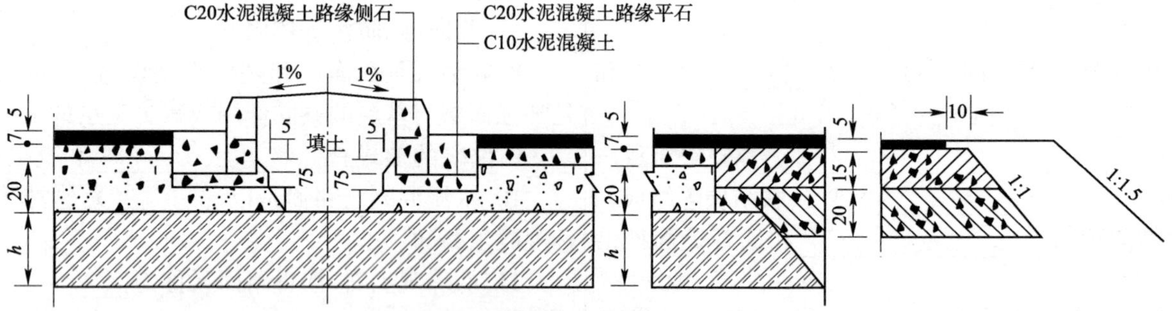

中央分隔带及路面结构图

1∶20

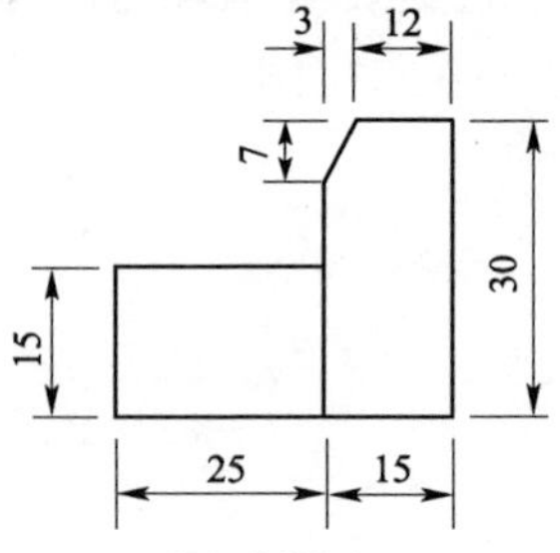

缘石大样图

1∶10

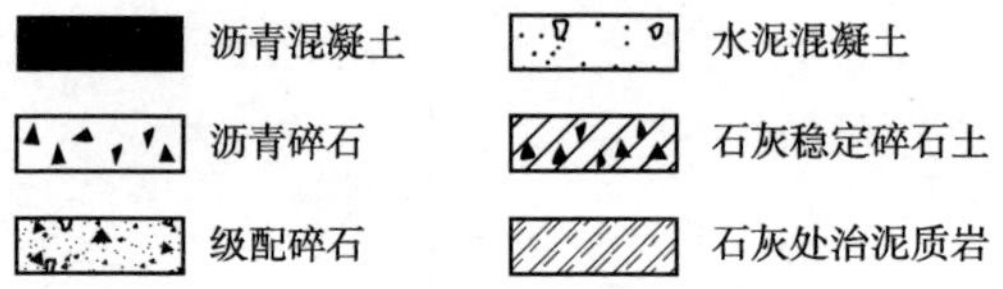

图例

(1)图中,沥青混凝土层的厚度为________,沥青碎石层的厚度为________,级配碎石层的厚度为________。

(2)行车道路面底基层与路肩的分界处,其宽度超出基层________,之后以 1:1 的坡度向下延伸。

(3)硬路肩的面层、基层和底基层的厚度分别为_______、_______、_______,硬路肩与土路肩的分界处,基层的宽度超出面层________,之后以________的坡度延伸至底基层的底部。

2. 下图为某公路主线(整体式)路面结构设计图(尺寸单位:cm),读图回答问题:

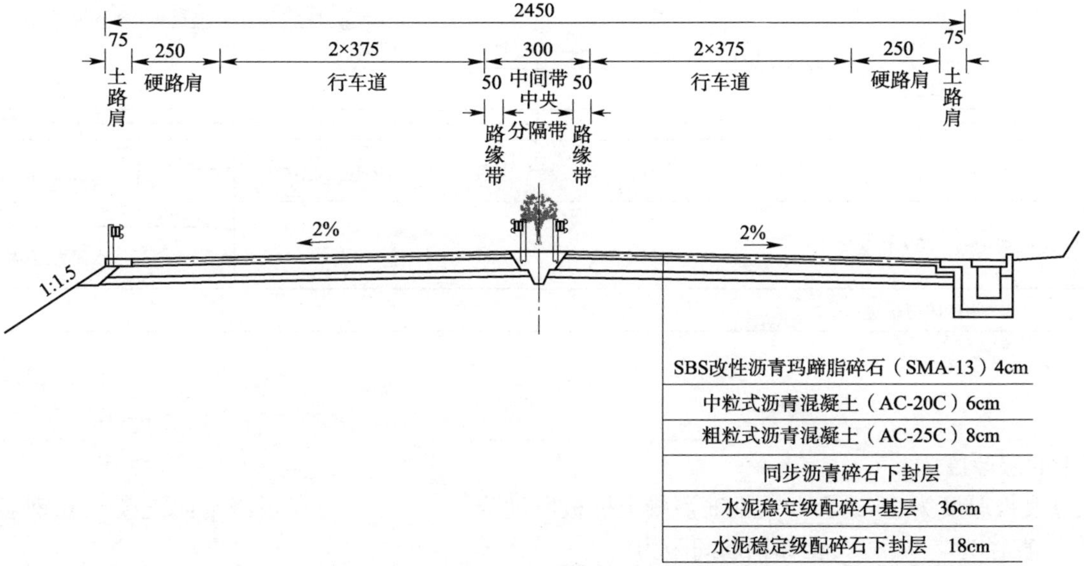

(1)图中,SBS 改性沥青玛蹄脂碎石(SMA-13)的厚度为________,中粒式沥青混凝土(AC-20C)的厚度为________,粗粒式沥青混凝土(AC-25C)的厚度为________,该路段的基层采用的是________,基层总厚度是________。

(2)中间带由________和________组成,中间带宽度为________。

(3)该路段边坡坡度为________,路拱横坡为________,设置路拱横坡的目的是________。

3. 下图为匝道桥头钢筋混凝土搭板与沥青混凝土衔接部位设计图(尺寸单位:cm,横向 1:40,竖向 1:20),读图回答问题:

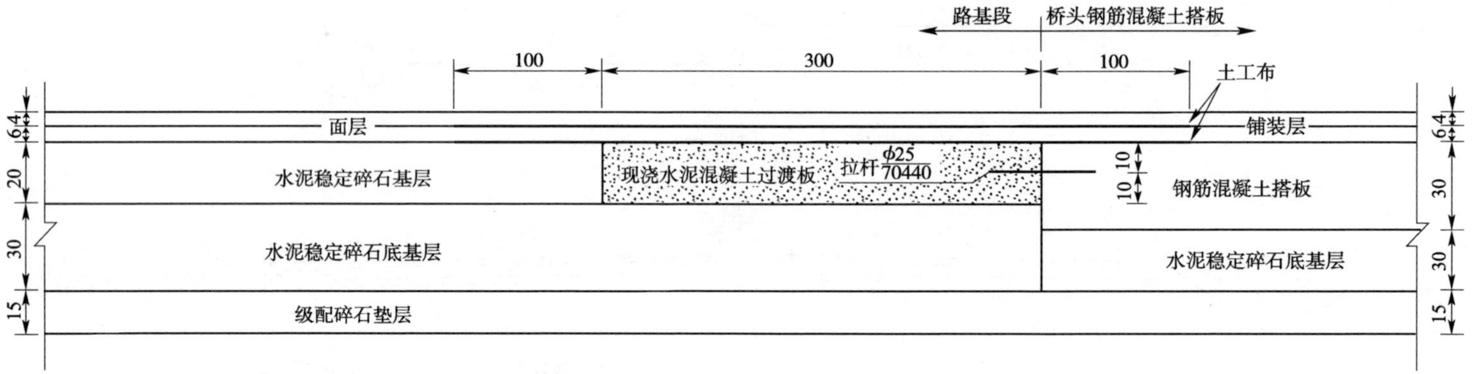

(1)垫层的作用有________、________、________、________、________等。图中,级配碎石垫层厚度为________,水泥稳定碎石基层厚度为________,沥青混凝土面层厚度为________。

(2)现浇水泥混凝土过渡板厚度为________,钢筋混凝土搭板厚度为________,在现浇水泥混凝土和钢筋混凝土搭板之间设置了________,长度为________,直径为________,相邻钢筋间距为________。

第八章　桥梁工程图

第一节　桥梁的基本组成及作用

一、填空题

1. 桥梁一般由________、________、________和________组成。

2. 按上部结构的行车道位置，桥梁可分为________、________和________。

3. 桥梁上部结构包括________和________。

4. 梁桥的主要承重结构为________或________。

5. 桥梁下部结构包括________、________、________。

6. 通常设置在桥梁两端，可用于支承桥跨结构并将恒载和活载传至地基的建筑物称为________。

7. ________是设置在两孔及两孔以上的桥梁中间的支承结构。

8. 桥梁按照受力体系可分为________、________、________、________、________。

9. 桥梁按照承重结构所用材料可分为______、______、______、钢桥、木桥、钢管混凝土等。

10. ________是设置在桥跨结构与桥墩和桥台支承处的传力装置。

二、判断题

1. 单孔桥梁应设置桥墩。（　　）

2. 多孔桥梁全长大于 1000m 的称为特大桥。（　　）

3. 锥坡是保护路堤边坡不受冲刷，在桥梁与路基相接处修筑的锥形护坡。（　　）

4. 支座属于桥梁下部结构。（　　）

5. 桥头搭板随着填土的沉降能够转动，可以在车辆行驶时起到缓冲作用。（　　）

三、识图题

根据下列图片判断桥梁类型。

____

____

____

____

第二节　钢筋结构图的基本知识

一、填空题

1. 混凝土________较高，________较低，容易因受拉而断裂，为了提高混凝土构件的抗拉能力，常在混凝土构件的受拉区内加入一定数量的钢筋，使两种材料黏结成一个整体，共同承受外力，这种配有钢筋的混凝土称为________。

2. 钢筋按其在整个构件中所起的作用不同，可以分为________、________、________、________、________。

3. 为了保护钢筋，防止钢筋锈蚀及加强钢筋与混凝土的黏结力，钢筋必须全包在混凝土中，因此钢筋边缘至混凝土表面应保持一定的厚度，称为________，此厚度距离称为________。

4. 对于光圆外形的受力钢筋，为增加它与混凝土的黏结力，在钢筋的端部做成弯钩，弯钩形式有________、________和________。

5. 绘制钢筋结构图时，构件的轮廓用__________线表示，钢筋用________线表示，钢筋的横断面用________表示。

二、判断题

1. 混凝土抗压能力随着抗压强度升高而减小。（　　）
2. 净距是钢筋边缘至钢筋边缘的距离。（　　）
3. 钢筋编号中的“@”符号是表示钢筋中心间距符号。（　　）
4. 在钢筋结构图中，钢筋的直径尺寸用毫米表示。（　　）
5. 2N3 表示编号 3 的钢筋有 2 根。（　　）

三、识图题

1. 在 $\frac{12\phi6}{89@25}$⑤ 中，其中⑤表示________________，
12 表示________________________________，
$\phi6$ 表示________________________________，
89 表示________________________________，
@25 表示________________________________。

2. 阅读钢筋混凝土梁的配筋图，填写钢筋表。

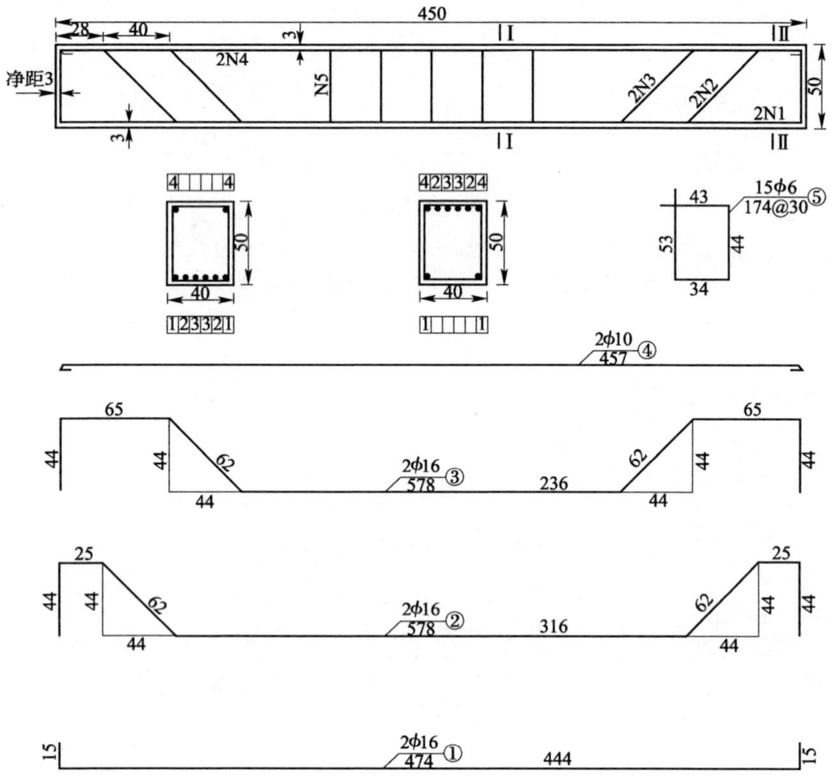

钢筋数量表

构件名称	构件数	钢筋编号	钢筋规格	长度(cm)	每件根数	总根数	总长(m)	质量(kg)	总质量(kg)
L201	4	1							
		2							
		3							
		4							
		5							

说明：

1. 上图钢筋直径以毫米为单位计，其余尺寸均以厘米为单位计。
2. ①②③号钢筋每米质量是 1.58kg。
3. ④号钢筋每米质量是 0.617kg。
4. ⑤号钢筋每米质量是 0.222kg。

3. 阅读 T 梁钢筋图，根据Ⅱ-Ⅱ钢筋断面图，补画Ⅰ-Ⅰ断面图中的钢筋，并计算出该 T 梁所需钢筋数量。

立面图(1:50)

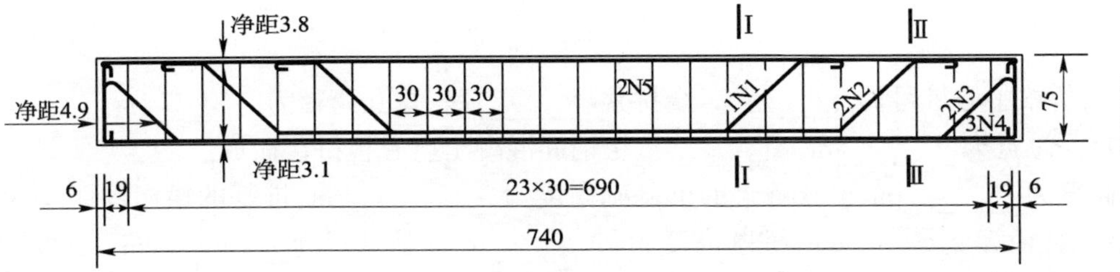

钢筋成型图(1:50)

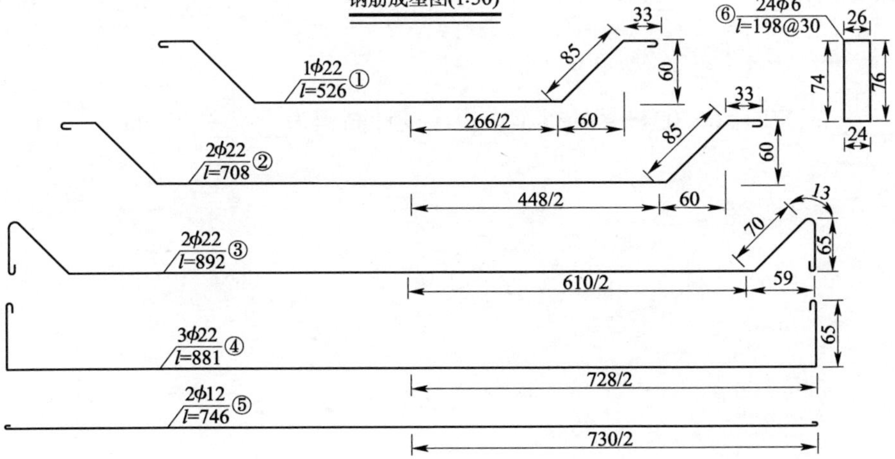

Ⅰ-Ⅰ断面(1:20) Ⅱ-Ⅱ断面(1:20)

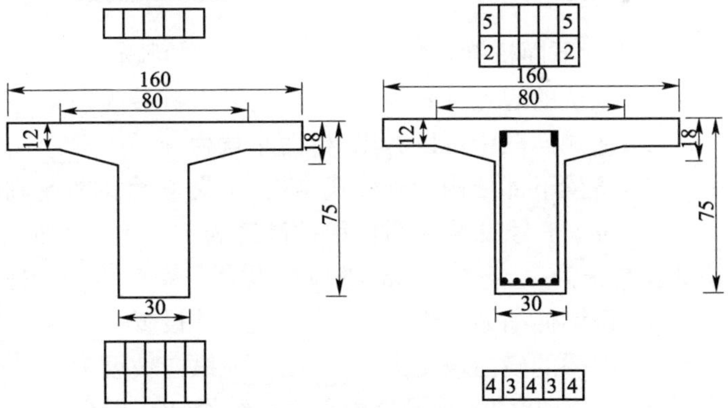

T梁钢筋数量表

编号	直径(mm)	长度(cm)	根数	总长(m)	每米质量(m/kg)	总量(kg)
1						
2						
3						
4						
5						
6						
钢筋重量总计						

注：本图尺寸除钢筋直径以毫米计外，
其余均以厘米为单位。

第三节　桥梁总体图的识读

识图题

1. 阅读下面桥梁总体布置图，回答下列问题。

(1)该桥的起点桩号为________，终点桩号为________，桥梁中心桩号为________。全桥共________跨，每孔跨径为________m。

(2)从侧面图中可以看出，桥面净宽为__________m，桥面总宽为________m，由________块钢筋混凝土空心板拼接而成。

(3)桥梁下部结构为桩柱式结构。0 号桥台的桩基础高度为________m，3 号桥台的桩基础高度为__________m，桩基的横向间距均为________m。1 号、2 号桥墩的墩柱高度为__________m，墩柱直径为________cm，桩基高度为________m，桩基直径为________cm。1 号桩基桩底高程为__________m，桩顶高程为__________m，柱顶高程为__________m。

(4)桥梁伸缩缝采用__________型，共设置__________道。

(5)本桥的横向坡度为__________，纵向坡度为__________。

(6)K0 +499.98 桩号处行车道边缘设计高程为__________m，K0 +566.02桩号处行车道边缘设计高程为__________m。

2. 思路拓展题：你能试着计算出下图中桥梁中心的设计高程吗？

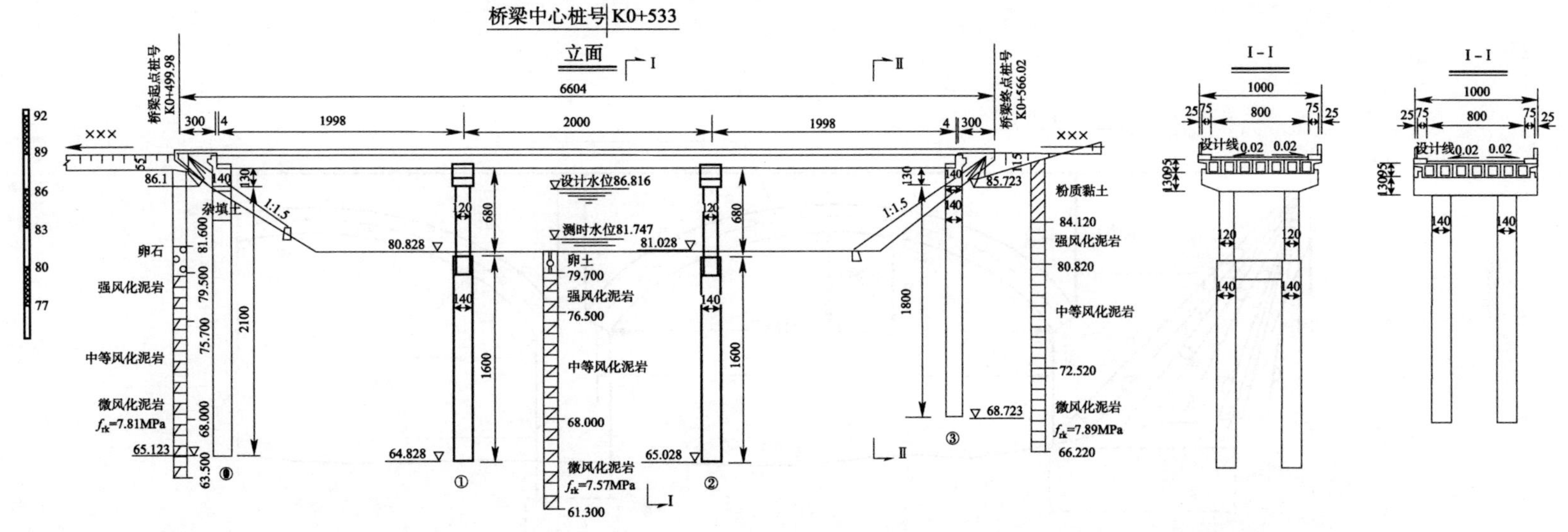

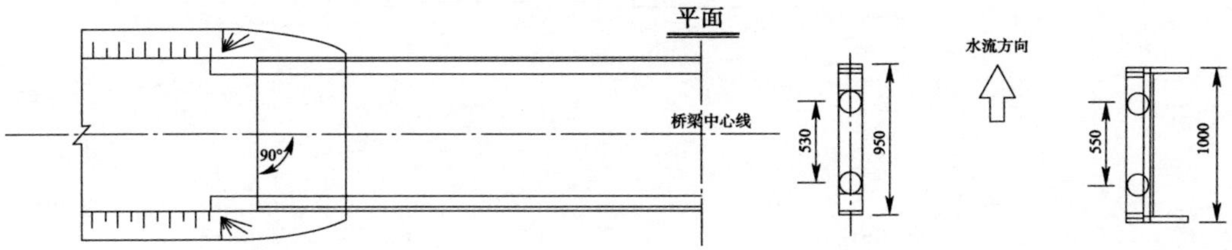

说明：

1.本图除高程、里程桩号以米计外，其余尺寸均以厘米为单位。

2.设计荷载：公路-Ⅱ级，人群荷载3.0kN/m^2。

3.本桥所处地区地震动峰值加速度系数为0.05g，简易设防。

4.图中桥头搭板未示。

5.本桥上部采用20m预应力混凝土空心板，桥面连续，下部采用桩柱式墩台，钻孔灌注嵌岩桩基础，桥面宽度为净8+2×1.0m。

6.本桥在0号桥台、3号桥台处分别设置一道SSFD-80型的伸缩缝。

7.本桥设置1.0%的单向纵坡。

8.设计洪水频率1/100。

9.桥面双向横坡2.0%，由支座垫石形成。

10.本桥设计为嵌岩桩，桩长按嵌入微风化泥岩中不少于2d,施工中如果发现地质资料与现场不符，请立即通知设计单位。

行车道边缘设计高程	88.700; 88.730; 88.930; 89.130; 89.330; 89.360
坡度/坡长	1(%); 70(m); K0+570.000 89.400
地面高程	87.544; 81.709; 81.455; 81.465; 81.589; 81.656; 81.747; 87.353; 87.837
里程桩号	K0+499.980; +502.980; +511.000; +519.000; +523.000; +523.500; +530.500; +543.000; +543.500; +556.800; +563.020; +564.200; +566.020; +569.600

3. 根据拱桥图纸，试标注出拱桥各部位名称。

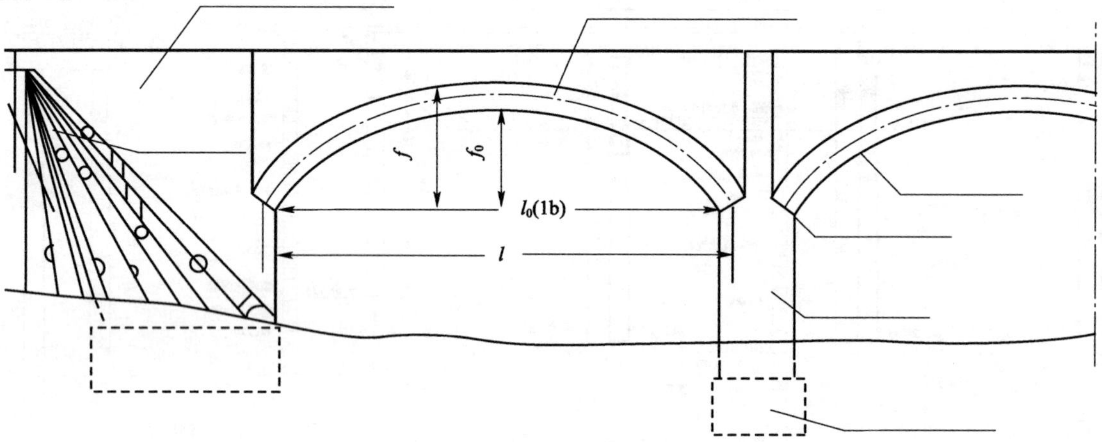

第四节　桥梁构件图识读

一、填空题

1. 桩柱式桥墩一般由__________、__________、__________和__________组成。

2. 螺旋钢筋的作用是____________________。

3. 定位钢筋的作用是____________________。

4. 桥面铺装的作用是____________________。

5. 重力式U形桥台由__________、__________、__________和基础组成。

6. 盖梁的作用是____________________。

7. 空心板的横向连接称为两块板之间的__________。

二、判断题

1. 盖梁属于上部结构。（　　）

2. 桥墩居于桥梁的端部位置，它的作用是承受上部结构传来的荷载，并将自身重力传给地基。（　　）

3. 桥台位于桥梁的两端，前端支撑着桥跨，后端与路基衔接，起着支挡台后路基填土并把桥跨与路基连接起来的作用，还需承受台背填土及填土上车辆荷载产生的附加侧压力。（　　）

4. 系梁可增强墩柱的横向稳定性。（　　）

三、读图并填写桥梁各构件图

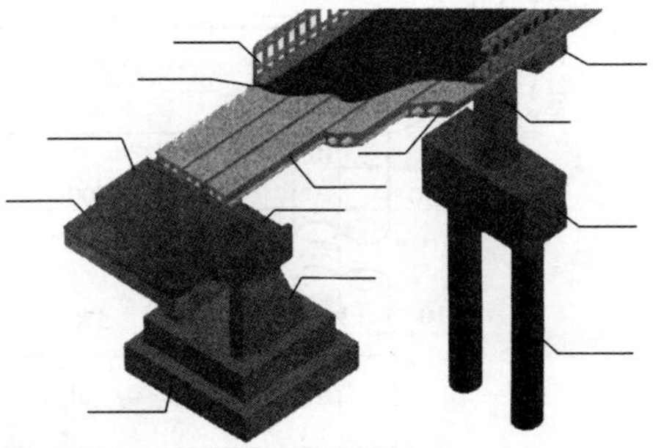

四、识图题

1. 阅读桥梁下部结构构造图，回答下列问题。

(1) 该桥盖梁采用混凝土强度等级为__________，盖梁高度为__________cm，宽度为__________cm，长度为__________cm；挡块高度为__________cm，长度为__________cm，宽度为__________cm。

(2) 盖梁共设置__________块支座垫石，支座垫石的平面尺寸为__________，高度为__________cm，支座垫石设置的横向间距为__________cm，垫石上面应设置__________。

(3) 桥梁下部结构为桩柱式结构，混凝土强度等级为__________，形状为__________，横梁以上墩柱设置间距为__________cm，墩柱高度为__________cm，直径为__________cm。横梁以下墩柱直径为__________cm，桩基直径为__________cm。

(4)横梁长度为________cm,高度为________cm,宽度为_______cm,混凝土强度等级为_______。
(5)系梁长度为________cm,高度为________cm,宽度为_______cm,混凝土强度等级为_______。系梁的作用_______。

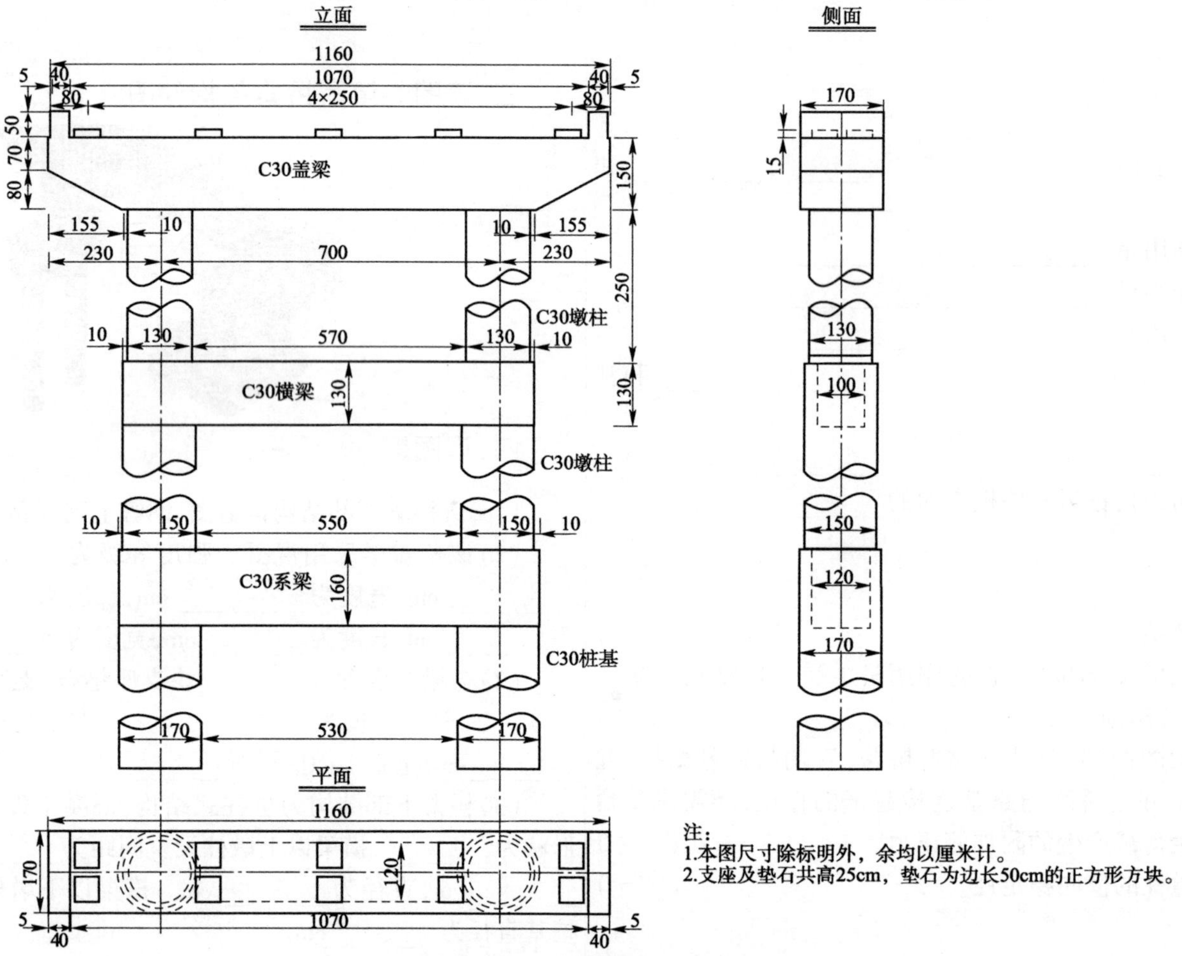

桥梁下部结构构造图

2. 阅读桥梁空心板构造图及桥梁横向布置图，回答下列问题。

（1）阅读桥梁空心板构造图。

①该空心板长度为________cm，高度为________cm，其中，中板底部宽度为________cm，边板底部宽度为________cm，边板的翼缘长度为________cm。

②该桥梁支座中心线之间的距离为________cm。

③该空心板底部做成2%的斜面是为了适应________。

④空心板的空心采用的形状为________，直径为________cm。

⑤空心板的封头采用混凝土强度等级为________，长度为________cm。

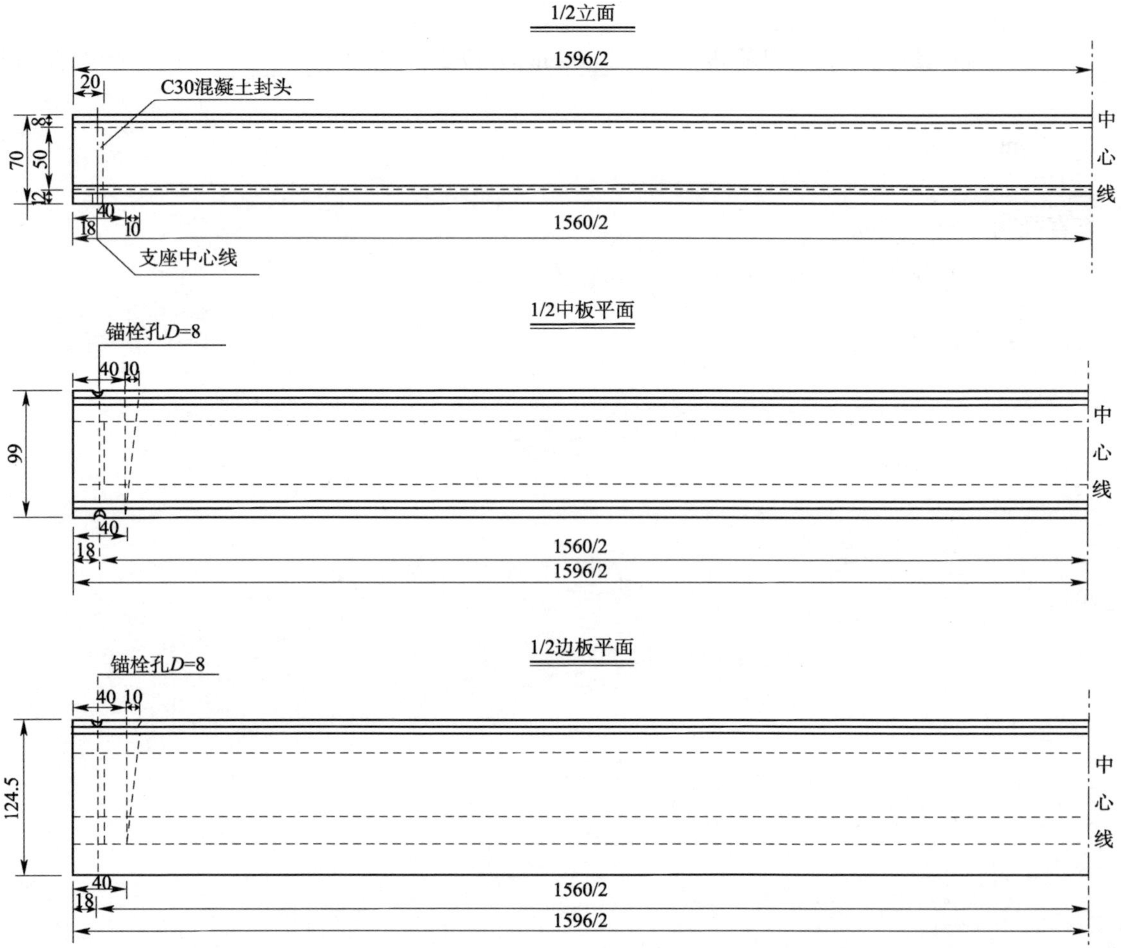

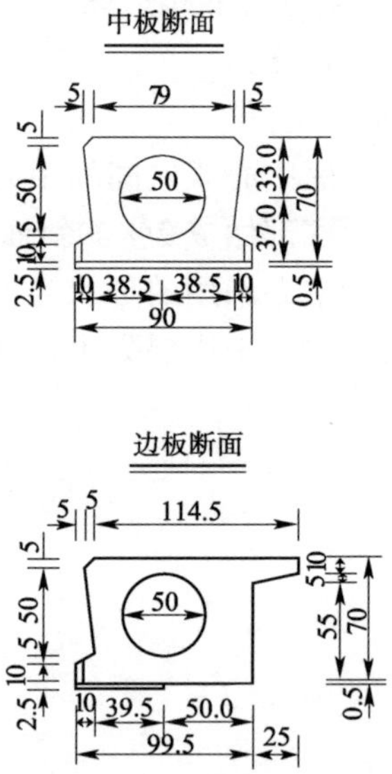

注：
1.本图尺寸均以厘米为单位。
2.板端底面在垂直于板跨方向制成2%斜面，以适应桥面横坡。
3.图中所示为外侧边板，内侧边板与之对称。
4.伸缩缝处空心板在端部50cm范围内空心部分应做成实体。

空心板构造图

(2)阅读桥梁横向布置图。

①该桥梁桥面净宽为________m,桥面总宽为________m,共设置________空心板,其中中板________块,边板________块。

②该桥梁的桥面铺装从上至下分别铺设有________,________,________,厚度分别为________cm,________cm。

③该桥梁标准跨径为________m,共设置有________跨,桥梁总长为________m。

④该桥梁每跨设置________道铰缝,全桥共设置________道铰缝,铰缝的作用为________________________________。

⑤铰缝处设置有________种编号的钢筋,直径为________mm,1 号钢筋长度为________cm,2 号钢筋长度为________cm。

⑥1 号钢筋设置间距为________cm,每跨共设置________根 1 号钢筋,全桥共设置________根 1 号钢筋,共设置________根 2 号钢筋。

⑦请计算出铰缝处设置钢筋的质量。

⑧你能计算出该桥梁共需要 C50 混凝土多少立方米(m^3)吗?(包括桥面铺装及铰缝)

⑨桥面铺装中需要________kg 的聚丙乙烯。

⑩桥面铺装中需要添加________m^2改性热沥青防水层。

桥梁横向布置

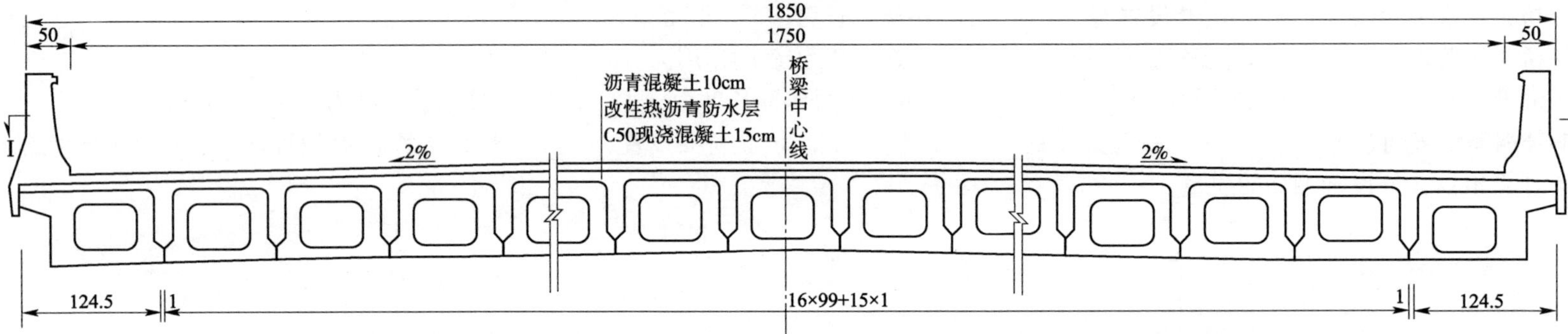

中板断面

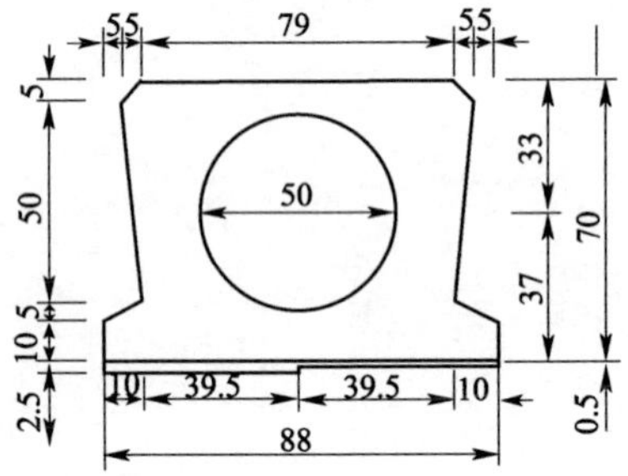

边板断面

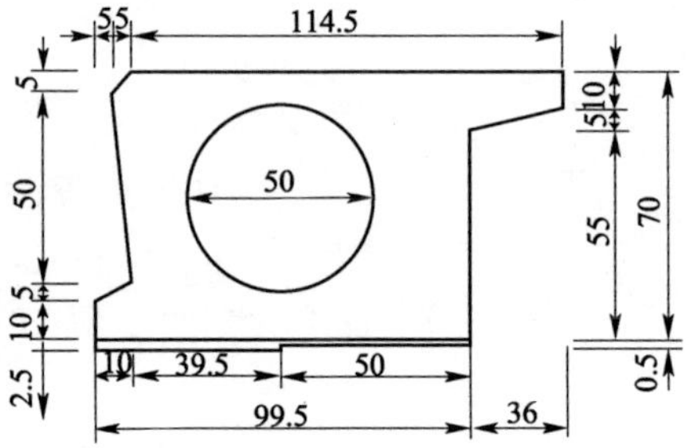

铰缝钢筋施工大样图

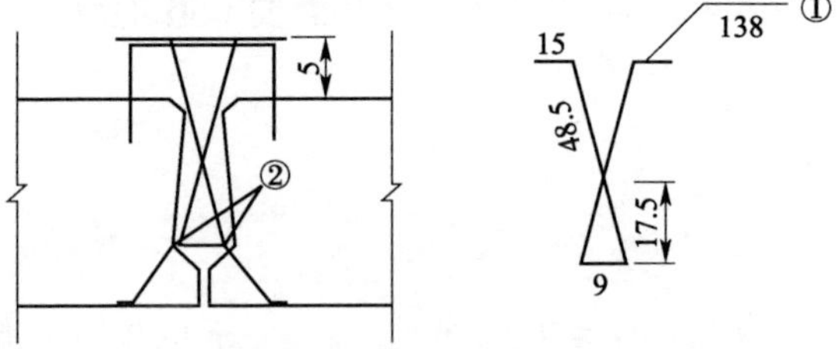

全桥桥面铺装工程数量

跨径(m)	跨数	编号	直径(mm)	长度(m)	根数	共重(kg)	C50水泥混凝土铺装及铰缝(m^3)	聚丙烯纤维(kg)
10	3	1	ф12	136				
		2		990				

说明：
1.本图尺寸除钢筋直径以毫米计外，余均以厘米计。
2.铰缝采用C50混凝土。
3.全桥共51条铰缝，一道铰缝混凝土量为0.7m^3。
4.沥青铺装层用量计入路线。
5.C50混凝土内掺加聚丙稀纤维，1m^3混凝土中掺入1kg聚丙稀纤维（技术指标见设计说明）。
6.桥面防水层采用改性热沥青，推荐用量为1.2kg/m^2，实际可通过试洒确定。
7.N1制筋纵向间距20cm。
8.直径为12mm的钢筋每米质量为0.888kg。

桥梁横向布置图

3. 阅读桥墩桩柱配筋图,回答下列问题。

(1)该桥梁桩基长度________cm,桩基直径为________cm。

(2)该桥梁墩柱平均长度为________cm,墩柱直径为________cm。

(3)一个墩柱中共有__________根1号钢筋,一座桥墩墩柱中共有________根1号钢筋,1号钢筋长度为________cm,1号钢筋直径为________mm。

(4)1号钢筋上端需伸入盖梁________cm,下端需伸入系梁________cm。

(5)一个桩基中共有________根5号钢筋,一座桥墩桩基中共有________根5号钢筋,5号钢筋长度为__________cm,5号钢筋直径为________mm。

(6)2号钢筋为________筋,6号钢筋为________筋。8号钢筋为________筋,设置间距为________m,8号钢筋的作用是____________。

(7)墩柱采用混凝土强度等级为________,一座桥墩墩柱中共计________m^3混凝土;桩基采用混凝土强度等级为________,一座桥墩桩基中共计________m^3混凝土。

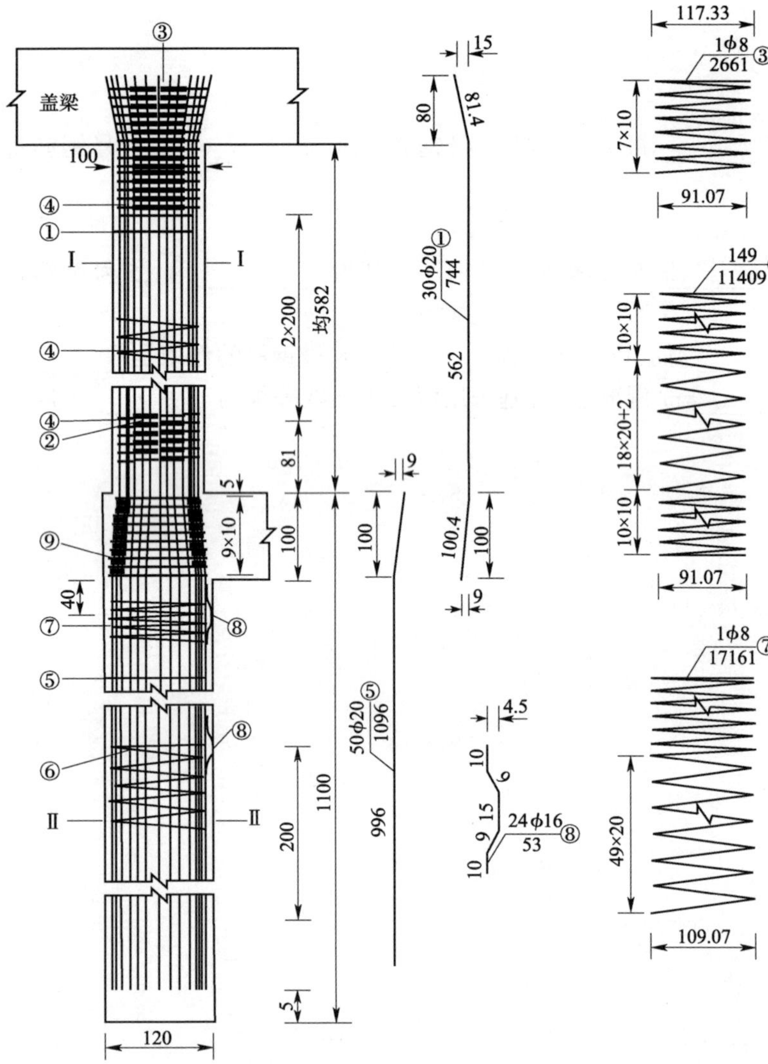

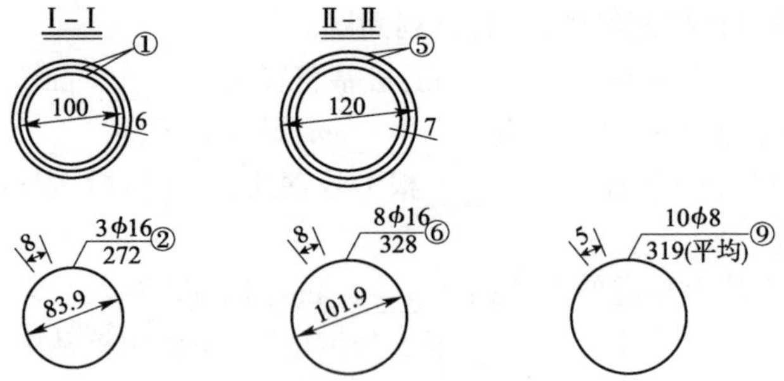

一座桥墩墩柱材料数量表

编号	直径（mm）	单根长度（m）	根数	共长（m）	共量（kg）	总量（kg）
1	ϕ20	744	90	689.80	1653.91	1653.9
2	ϕ16	272	9	24.48	38.68	38.7
3	ϕ8	2661	3	79.83	31.53	167.7
4	ϕ8	11489	3	344.67	135.14	
C30混凝土					13.24	

一座桥墩桩基材料数量表

编号	直径（mm）	单根长度（m）	根数	共长（m）	共量（kg）	总量（kg）
5	ϕ20	1095	90	985.5	2434.2	2434.2
6	ϕ16	328	18	69.04	93.28	93.3
7	ϕ8	17161	3	514.83	203.35	203.4
8	ϕ16	53	72	38.16	60.29	60.3
9	ϕ8	319(平均)	30	95.70	37.80	37.8
C25混凝土					37.32	

说明：

1.图中尺寸除钢筋直径以毫米计，余均以厘米为单位。
2.主筋N1和N5接头均采用对焊。
3.柱加强筋N2、桩加强筋N6设在主筋内侧，每2m一道，自身搭接部分采用双面焊。
4.桩基钢筋笼分段插入桩孔中，各段主筋须采用焊接，钢筋接头应按规范要求铺开布置。
5.进入盖梁的钢筋若与盖梁钢筋发生碰撞，可适当调整伸入其内的墩身钢筋。
6.定位钢筋N8每隔2m设一组，每组4根均匀设于桩基加强筋N6四周。
7.施工时，若实际地质情况与设计采用的资料不符，应变更基桩设计。

桥墩桩柱配筋图

第九章　涵洞与通道工程

第一节　涵洞的基本分类及组成

一、填空题

1. 涵洞是__________的工程构造物，它与桥梁的主要区别在于________。

2. 涵洞是由________、________和基础组成的排水构筑物。

3. 涵洞按结构形式划分为________、________、________等。

4. 洞口建筑连接洞身与路基边坡，上游洞口的作用是______，把面积较大的水流汇集于一定的孔径之内，使之顺畅地通过涵孔；下游洞口的作用是______，使通过涵洞的水流扩散并顺畅地离开涵洞。

5. 位于涵洞上游的洞口称为________，位于涵洞下游的洞口称为________。

6. 涵洞工程图在图示表达时，以________为纵向（即与路线前进方向垂直布置），并以________代替立面图。

7. 涵洞工程图主要有________、________、________。

8. 涵洞工程图的平面图与侧面图以半剖形式来表达，水平剖面图一般沿________剖切，横剖面图则垂直于纵向剖切。

二、选择题

1. 公路跨越沟谷、溪沟、河流、道路、人工渠道以及排除路基边沟水流时，常常需要修建各种横向排水构造物，最常见的排水构造物就是(　　)。

　A. 桥梁　　B. 隧道　　C. 排水沟　　D. 涵洞

2. (　　)和(　　)不论管径或跨径大小、孔数多少，均称为涵洞。

　A. 圆管涵　箱涵　　B. 圆管涵　盖板涵

　C. 盖板涵　箱涵　　D. 箱涵　拱涵

3. 涵洞同桥梁的区别在于(　　)的大小。

　A. 路面　　B. 孔径　　C. 跨径　　D. 流水量

4. 涵洞水流通过涵洞全长时，水面不接触涵洞顶面，涵前不容许壅水或壅水不高，涵洞处于无压力状态，称为(　　)。

　A. 倒虹吸涵洞　　B. 压力式涵洞

　C. 半压力式涵洞　　D. 无压力式涵洞

5. 涵洞进、出口都被水淹没，涵前水深在 1.2 倍涵洞的净高以上，水流在压力下通过涵洞，涵洞处于压力状态，称为(　　)。

A. 倒虹吸涵洞　　B. 压力式涵洞

C. 半压力式涵洞　　D. 无压力式涵洞

6. 凡是单孔跨径小于(　　)，多孔跨径总长小于(　　)，统称为涵洞。

A. 5m　10m　　B. 5m　8m

C. 6m　8m　　D. 6m　10m

7. 画涵洞平面图时，(　　)涵洞上方的覆土。

A. 一般不画　　B. 一般画

C. 必须画一部分　　D. 必须全画

8. (　　)是管涵的主要组成部分，通常由混凝土、钢筋混凝土或波纹钢制成。

A. 防水层　B. 基础　C. 接缝　D. 管身

9. (　　)是盖板涵的主要承重结构，宜采用钢筋混凝土制成，跨径较小时可采用石材。

A. 涵台　B. 盖板　C. 洞身铺底　D. 管身

第二节　涵洞结构图的识读

识图题

1. 如下图所示为钢筋混凝土圆管涵洞工程图,读后回答问题:

(1)该涵洞洞口为________式,端墙前洞口两侧有________厚干砌片石铺面的锥形护坡,涵管内径为________,涵管长为________,涵洞的总长为________。

(2)涵洞管壁厚________,防水层厚________,设计流水坡度________,洞身铺砌厚________。

(3)路基覆土厚度________,路基宽度________,锥形护坡顺水方向的坡度与路基边坡________,均为________。

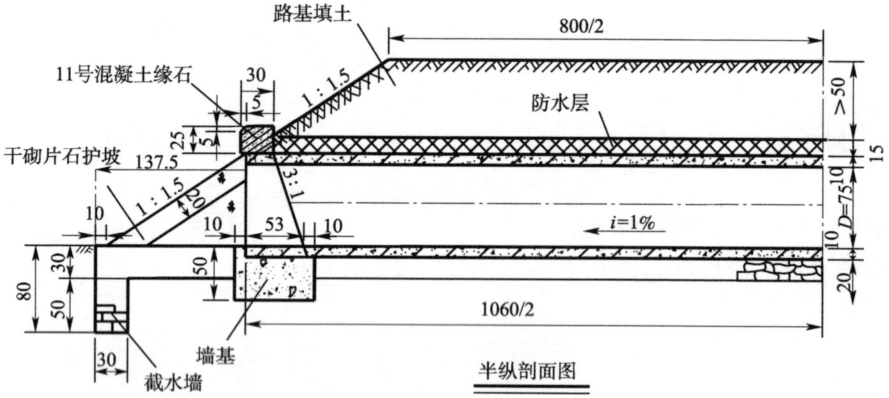

半纵剖面图

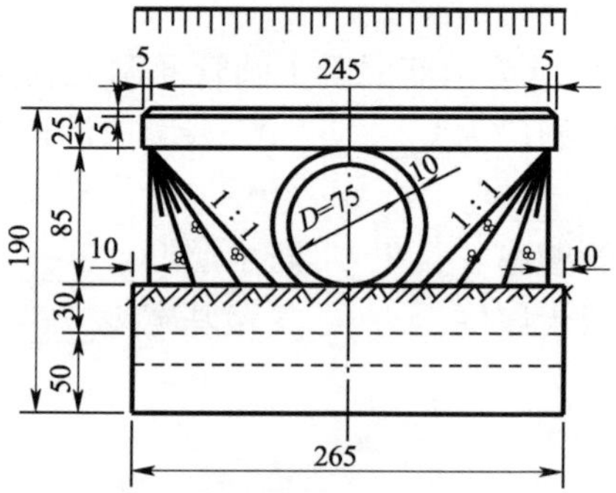

洞口正面图

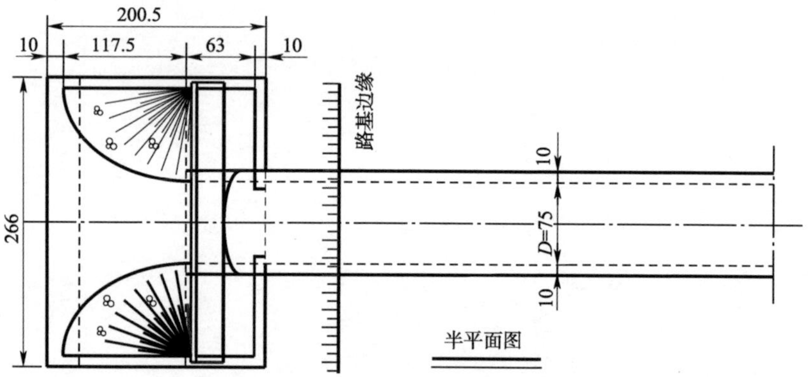

半平面图

洞口工程数量表(一端)

项别 / 工程数量 / 管径	11号混凝土缘石(m^3)	3号砂浆砌片石墙身(m^3)	3号砂浆砌片石基础(m^3)	干砌片石护坡(m^3)
75	0.191	0.552	2.200	0.275

说明：

1.图中尺寸以厘米为单位；

2.洞口工程数量指一端，即一个进水口或一个出水口。

端墙式圆管涵（D=75）	汽车-15级，挂车-80
	比例1：50
单孔构造图	图号

2. 如下图所示为钢筋混凝土盖板涵洞工程图,读后回答问题:

(1)洞口两侧为________墙,洞高________,净跨________,总长________;洞身及八字翼墙用________勾缝。

(2)盖板的长为________,宽为________,高为________;钢筋混凝土盖板采用________混凝土和________光圆钢筋;盖板端面与洞身间均留 2cm 安装缝,用________填缝。

(3)涵台基础的长为________,宽为________,高为________;涵台顶面用________找平。

(4)铺底的长为________,宽为________,高为________;路基的宽度为________米。

(5)本图八字翼墙的坡度为________,设计流水坡度________。

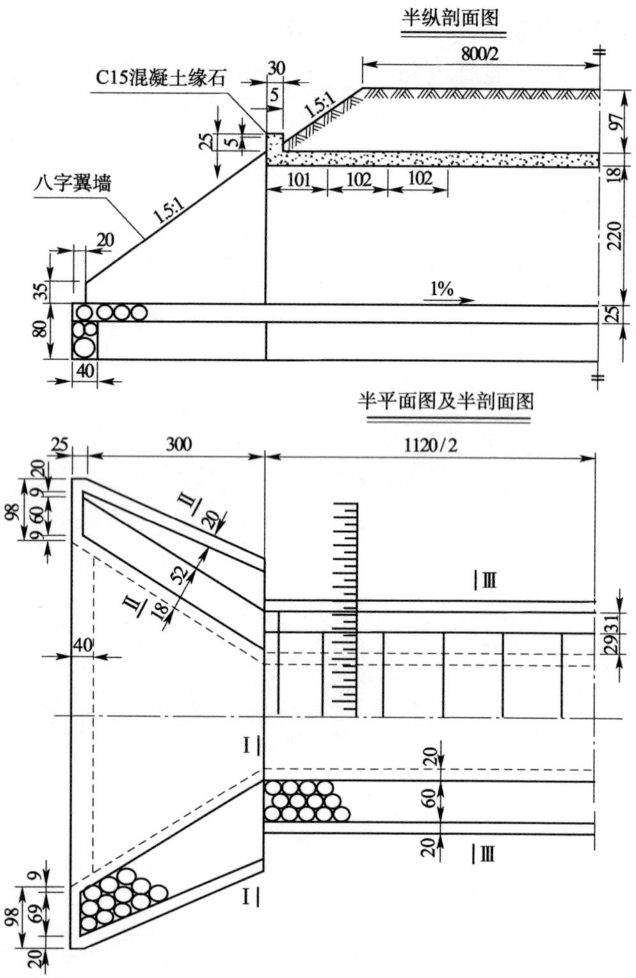

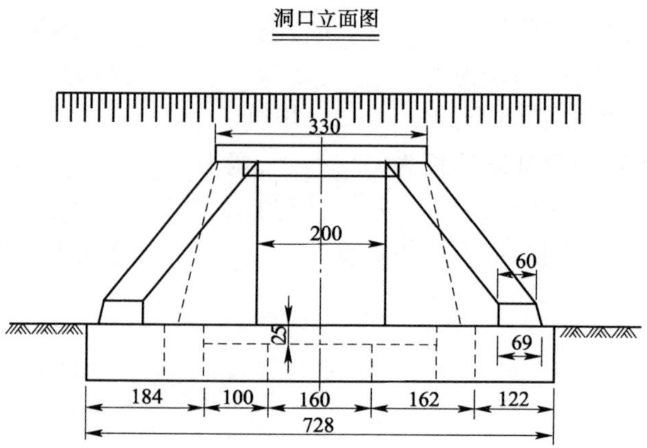

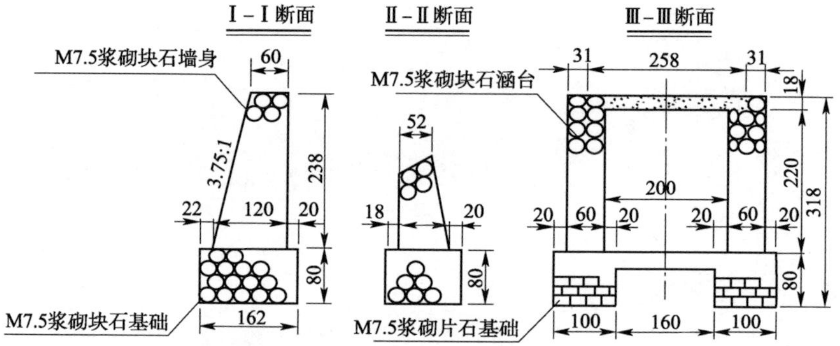

说明：

1.本图尺寸均以厘米计。
2.钢筋混凝土盖板用C20混凝土和HPB235钢筋。
3.洞身及八字翼墙用M10砂浆勾缝。
4.涵台顶面用M7.5砂浆找平，在初凝前上盖板。
5.盖板端间与洞身间均留2cm安装缝，并用M10砂浆填缝。

XX工程咨询有限责任公司	某四级公路改建工程	钢筋混凝土盖板涵构造图	设计		复核		审核		图号

3. 如下图所示为钢筋混凝土盖板涵钢筋构造图，读后回答问题：

(1) 由图可知，盖板板长________cm，宽________cm，板中间厚________cm，两端厚________cm。

(2) 编号为①的钢筋有______根，直径为______mm，钢筋全长______cm，平直部分长度为________cm，两端做成________cm 的直角弯钩。

(3) 编号为②的钢筋有________根，直径为________mm，钢筋全长________cm。25ϕ8 表示________。

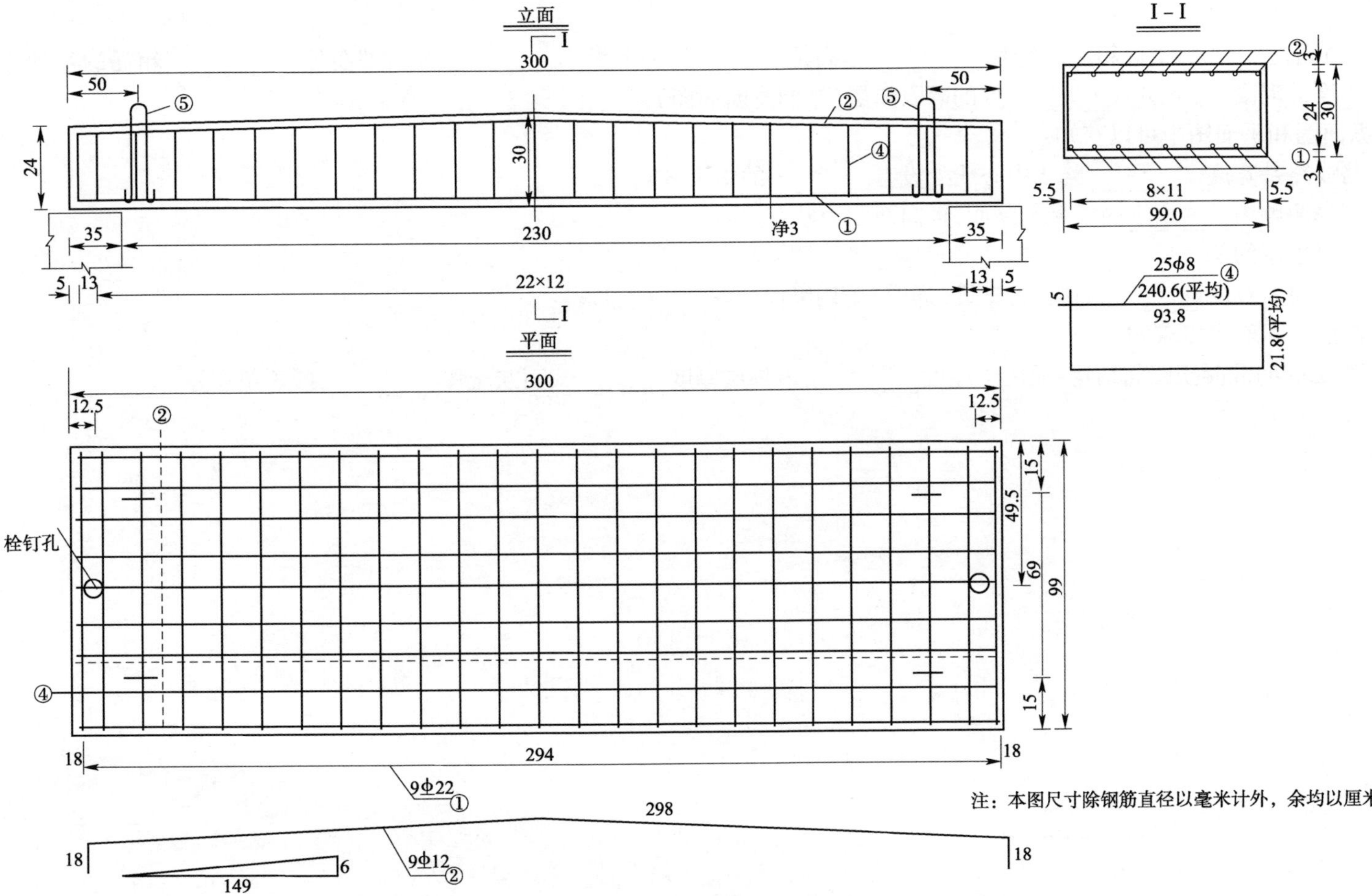

注：本图尺寸除钢筋直径以毫米计外，余均以厘米计。

第三节　通道工程图

识图题

(1)此通道图是________,此箱涵净跨是________,净高是________,上下板厚________,左右墙身厚________。箱涵的基础分两层:上层为________厚的混凝土,下层为________厚的碎石垫层(半洞身断面图)。

(2)从纵面图和平面图中可以获知:

①所修路线路基宽度________,路线中心线处设有________的中央分隔带。

②通道洞身两侧为________的混凝土路面,再向两侧为砂石路面。

③通道洞口采用的是________。

④主路线路面为双向________的横坡,支线(通道)采用纵向________的单坡。

(3)从半Ⅰ-Ⅰ断面可以获知:

洞身外侧20m的混凝土路面结构:混凝土厚度________,砂垫层厚度________,石灰土厚________,砂砾垫层厚________。

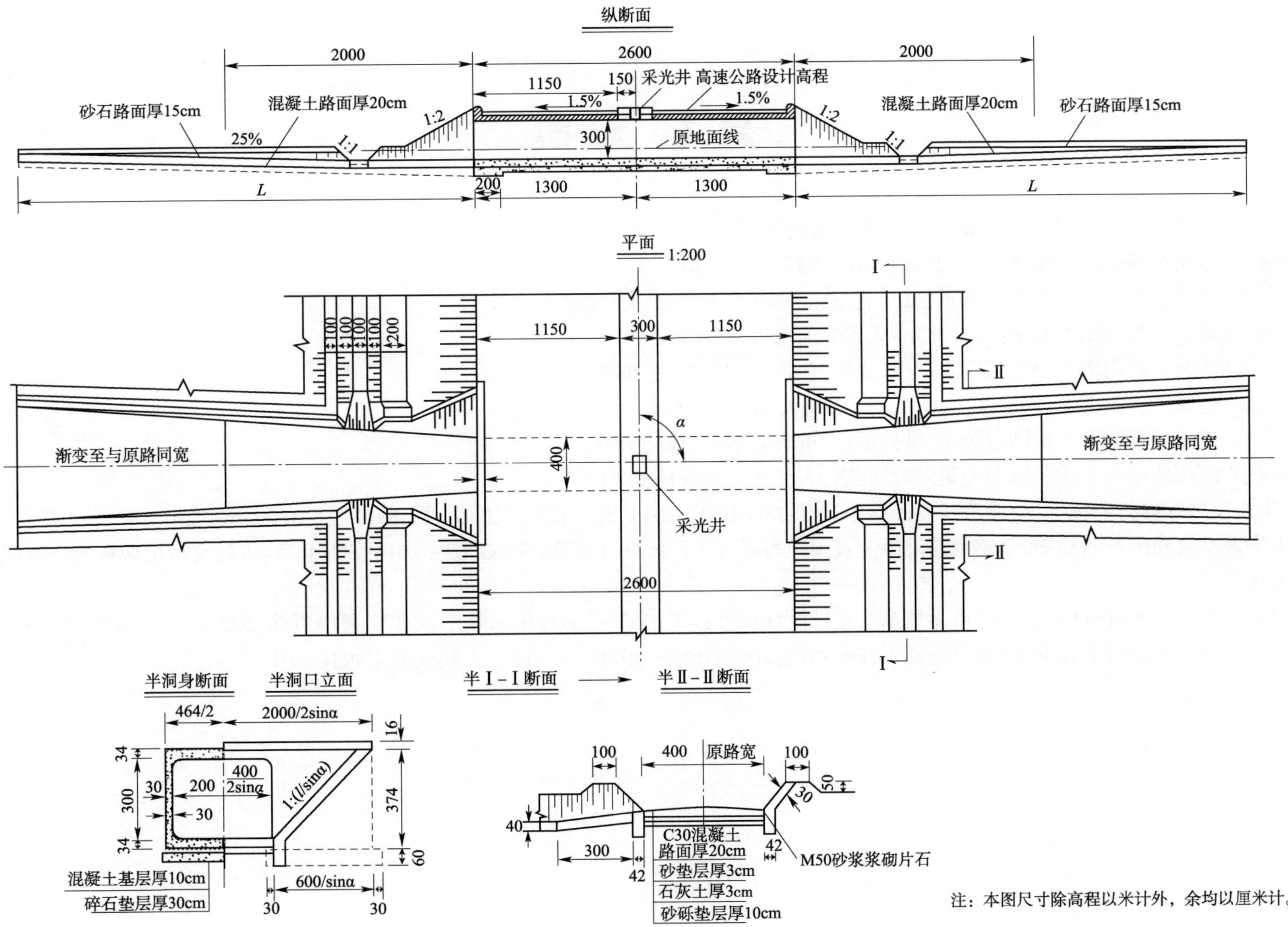

注：本图尺寸除高程以米计外，余均以厘米计。

参考文献

[1] 曲元梅,伏慎敏.公路工程识图[M].北京:人民交通出版社股份有限公司,2017.

[2] 樊琳娟.道路工程识图与绘图[M].北京:人民交通出版社,2011.

[3] 高恒聚.道路工程识图与绘图习题集[M].北京:北京邮电大学出版社,2014.

[4] 曹雪梅.道路工程制图习题集[M].北京:人民交通出版社,2012.

[5] 白丽红.建筑工程制图与识图习题集[M].北京:北京大学出版社,2009.

[6] 何铭新.建筑工程制图习题集[M].北京:高等教育出版社,2009.

[7] 曹雪梅.道路工程制图与识图习题集[M].重庆:重庆大学出版社,2006.

[8] 林国华.画法几何与土建制图习题集[M].北京:人民交通出版社,2001.

[9] 中华人民共和国行业标准.公路桥涵设计通用规范:JTG D60—2015[S].北京:人民交通出版社股份有限公司,2015.

[10] 中华人民共和国行业标准.公路钢筋混凝土及预应力混凝土桥涵设计规范:JTG 3362—2018[S].北京:人民交通出版社股份有限公司,2018.

[11] 中华人民共和国行业标准.公路桥涵地基与基础设计规范:JTG D63—2007[S].北京:人民交通出版社,2007.

[12] 中华人民共和国行业标准.公路桥涵施工技术规范:JTG/T F50—2011[S].北京:人民交通出版社,2011.